Satanás no es mito

Títulos por J. Oswald Sanders:

El cielo
Cómo enfrentar la soledad
Descubra el plan de Dios para su vida
Discípulado espiritual
Disfrutemos de intimidad con Dios
¿Están perdidos?
Liderazgo espiritual
Madurez espiritual
Sanidad espiritual para los que sufren
Satanás no es mito
Sea un líder

J. Oswald Sanders

Satanás no es mito

EDITORIAL PORTAVOZ

La misión de *Editorial Portavoz* consiste en proporcionar productos de calidad —con integridad y excelencia—, desde una perspectiva bíblica y confiable, que animen a las personas a conocer y servir a Jesucristo.

Título del original: *Satan Is No Myth* by J. Oswald Sanders,

Traducción: David Cáceres González

EDITORIAL PORTAVOZ
2450 Oak Industrial Dr. NE
Grand Rapids, Michigan 49505 USA

ISBN 978-0-8254-5718-0

1 2 3 4 5 edición/año 24 23 22 21 20 19 18 17 16

Impreso en los Estados Unidos de América
Printed in the United States of America

CONTENIDO

PREFACIO

El tema permanente de la Biblia, de principio a fin, es el conflicto entre el bien y el mal, entre Dios y el diablo. Comienza con la serpiente del Edén de Génesis 3 y concluye con el confinamiento del diablo al lago de fuego y azufre de Apocalipsis 20. Los capítulos intermedios narran la fluctuante marea de las batallas de un conflicto librado tanto en los lugares celestiales como en la tierra.

Siendo eso así, ¿no nos parece extraño y sospechoso que haya tan poca literatura que se ocupe específicamente del diablo, quien, de acuerdo con las Escrituras, es el segundo ser más poderoso de todo el universo? ¿No nos sorprende que este tema sea el objeto de las predicaciones de nuestras iglesias en tan pocas ocasiones? A menudo he preguntado a los asistentes sobre estas cosas y he descubierto que una buena proporción de ellos no han escuchado ni siquiera una sola vez una predicación acerca del diablo y su actividad. El lector sólo tiene que considerar su propia experiencia para darse cuenta de la manera tan extrañamente efectiva en que el diablo ha disfrazado su actividad y preservado su anonimato.

La razón de esta insólita negligencia no se debe a la falta de material sobre el tema en las Escrituras. De hecho, contamos con una enorme cantidad de enseñanzas que esclarecen cada uno de los aspectos de la persona y obra de Satanás. Y tampoco es porque el ojo perspicaz no pueda captar las trágicas y evidentes pruebas de su inicua actividad. Debemos buscar en otros lugares para encontrar la razón de esta extraña omisión.

Satanás no es mito. Sería difícil refutar la opinión de Beaudelaire de que la treta más astuta de Satanás es hacer creer al hombre que no existe. La consecuencia inmediata de la negligencia de las iglesias ha sido la gran cantidad de personas que se han visto arrastradas por el torbellino del resurgimiento del ocultismo. Y pocas son las voces que se alzan para alertar al mundo de la importancia de dicho resurgimiento.

1

¿MITO O REALIDAD?

¿Se equivocó Cristo en la desesperada batalla que libró y en la cual perdió la vida? ¿Se tuvo que enfrentar realmente al «príncipe de este mundo», un terrible ser sobrenatural cuyo odio hacia Dios era tan profundo y oscuro como el infierno? ¿O estaba engañado? Ningún estudioso de las Escrituras negaría por un sólo instante que Cristo creía en un demonio personal cuyo dominio vino a destruir, ni que ordenó a demonios que salieran fuera de sus víctimas, ni que estaba convencido de que la única manera de salvar a los hombres era haciendo visible al príncipe de las tinieblas en su verdadera luz y quebrantando su poder sobre los corazones de los hombres, ni que realmente creía en todas estas cosas.[1]

—J. F. Huegel

VEAMOS ALGUNAS DE LAS AFIRMACIONES que son una muestra representativa de una amplia sección de la opinión teológica de nuestros días:

Ningún sistema filosófico actual deja lugar al Diabolos de las Escrituras.[2]

—Edgar Brightman

El diablillo dentudo de cola y tridente se ha convertido en una divertida figura secular, y muchos teólogos han desterrado al diablo personal al reino de los mitos.[3]

—J. I. Packer

Hasta el siglo de las luces (1650-1780 d. C.), la creencia en un diablo personal concreto y en sus secuaces era un hecho universal entre los teólogos. Sin embargo, en la actualidad se reconoce ampliamente que la creencia en Satanás, el líder de los ángeles caídos, no es una respuesta satisfactoria al problema del mal; nos deja con la pregunta por formular de cómo entró el mal en un mundo que Dios creó y vio que era «muy bueno». No obstante, como manera de representar pictóricamente la existencia de fuerzas del mal sobrehumanas en el universo, Satanás y sus huestes nos llaman la atención hacia una cuestión muy importante para la teología.[4]

—Alan Richardson

Las razones de actitudes como estas son numerosas. La primera, y puede que la más importante, son las grotescas y fantásticas representaciones del mal que en el pasado parodiaron el sobrio y moderado lenguaje de las Escrituras. La concepción popular se basa más en las imágenes descritas de Dante o de Milton que en la revelación divina.

La representación medieval de una criatura medio hombre medio animal con cuernos, pezuña hendida y cola es una ingeniosa estratagema del diablo en la que se muestra a sí mismo tan absurdo que hasta se deja poner en ridículo. Ningún ser podría estar más lejos del «querubín grande», del «ángel de luz» que sigue a Cristo en poder y en autoridad sobre el mundo. De acuerdo con Ebrard, todas las objeciones suscitadas por los filósofos no van en contra del diablo tal y como lo representa la Biblia, sino en contra de las falsas concepciones de él inventadas en el pasado e inmortalizadas por la literatura moderna.

Owen C. Whitehouse, un gran crítico bíblico reconocido, concluye su artículo en el *Hastings' Dictionary of the Bible* diciendo que: «La existencia de Satanás como el centro personal de las influencias del mal, ya sea físico o moral (puesto que ambos están estrechamente relacionados) es la indudable enseñanza de la Biblia.»[5] Así pues, el concepto de un diablo personal sólo se rechaza a priori sobre la base de que es demasiado grotesco para ser aceptado por las mentes refinadas o sobre la base de que no proporciona una respuesta completa al problema del mal.

La única fuente verdadera

La única verdadera fuente de conocimiento sobre el reino de lo invisible es la divina revelación de las Escrituras. Todo lo demás es especulación, sin que ninguna opinión tenga más autoridad que las demás. El comentador haría bien, al dar su opinión, en tantear el terreno con cuidado allí donde la Biblia permanece callada o habla con reservas. Sin embargo, en los lugares donde las Escrituras hablan claramente, se nos ha dicho todo lo que teníamos que saber, y nuestras opiniones no tienen por qué ser tentativas.

La Biblia revela verdades que la investigación intelectual o la física nunca han revelado. A. T. Pierson escribió:

> Una de las mayores pruebas de que las Escrituras están inspiradas por Dios es la manera absolutamente positiva e infaliblemente cierta en que se tratan estos misterios de lo oculto. No hay ningún sentimiento indeciso en busca de la verdad ni ninguna manifestación insegura, sino un conjunto coherente de enseñanzas respecto al reino invisible en el que, como mínimo, tiene esto digno de alabanza: por primera y única vez, se le da al hombre una respuesta satisfactoria a su, posiblemente, mayor problema. Se trata de enseñanzas en las cuales hay una *finalidad*; son la expresión de Aquel que se refiere a ello con la misma confianza que si

> hablara de los hechos o fenómenos más habituales, y que se ocupa de lo que se escapa a nuestros sentidos con toda familiaridad. Quien, después de intentar en vano hallar una base firme sobre la que apoyarse en las hipótesis y filosofías de los hombres se acerque con la mente y el corazón abiertos para indagar en los oráculos vivos de Dios, encontrará respuesta a sus preguntas y sólida base para su fe y esperanza.[6]

En su opinión, para el creyente, el reino de lo invisible es indiscutiblemente real, y las Escrituras nunca discuten su existencia e importancia, sino que las dan por supuestas.

En referencia a la creciente incredulidad entre los teólogos respecto a la existencia de un diablo personal, Maldwyn Hughes comenta:

> Muchos teólogos se oponen a ello basándose en que introduce un total dualismo en el universo. Pero esto no sería cierto a no ser que atribuyésemos a Satanás los atributos divinos de la omnisciencia, omnipotencia y omnipresencia. La existencia de una inteligencia demoníaca no implica necesariamente un mayor dualismo que la existencia del hombre pecaminoso. Sin intenciones de dogmatizar, se podría señalar que la creencia en una personalidad diabólica se encuentra en el mismo plano de experiencia que la creencia en la personalidad divina. Sin embargo, dado que esta última creencia es reconfortante y la primera incómoda, hay quien pasa por alto el paralelismo.[7]

Lo incógnito del diablo

Los mismos nombres utilizados por el Señor para referirse a Satanás muestran su personalidad. Un homicidio no es una simple abstracción; no puede existir sin que haya un homicida. Tampoco hay mentira sin mentiroso (Jn. 8:44). En la Biblia, el mal moral se considera de manera uniforme como el resultado de la personalidad, y se manifiesta únicamente en la voluntad de los seres personales, ya sean humanos o sobrehumanos. Pensar de otra manera no sería racional.

La autoocultación del diablo es uno de sus mejores trucos. Como dice Denis de Rougemont en *La Part du Diable*:

> Así, el diablo, poseído por el deseo de imitar la verdad tergiversándola, nos dice: «No soy nadie. ¿De qué tienes miedo? ¿Vas a ponerte a temblar ante lo que no existe?» ... Satanás desaparece en sus éxitos, y su triunfo es su propia ocultación. La prueba de que el diablo existe, obra y vence radica en el hecho de que este mundo de inteligentes ya no cree en él.[8]

La pregunta clave

Para aquellos que creen que Cristo es el Hijo de Dios en toda la extensión de la palabra y para aquellos que aceptan que las Escrituras están inspiradas y tienen la autoría de Dios hay una pregunta clave que tiene que ver con la realidad del diablo y sus demonios. La pregunta es la siguiente: «*¿Creía Jesús en la existencia de un diablo personal y sus demonios o consideraba que existían en el universo unas impersonales pero poderosas fuerzas del mal?*» La manera en que respondamos a esta pregunta determinará totalmente nuestro enfoque del asunto. Si el Señor no creía en la existencia de un diablo personal y maligno ya no hay razón para que vacilemos en estar de acuerdo con su incredulidad.

Si entendemos las palabras del Señor sobre este tema de manera objetiva llegaremos a la conclusión, al margen de si estaba equivocado o en lo cierto, de que Él creía y enseñaba que había librado una batalla con un tentador personal durante la tentación del desierto. El lenguaje utilizado no puede llevar a otra interpretación. Jesús habló y actuó como si existiera un diablo personal cuyo dominio sobre los hombres vino a destruir y cuyo poder vino a anular. Aseguró que mediante su cruz se sentenció al «príncipe de este mundo» y que el destino de éste era seguro.

Algunas personas han señalado que, en la parábola del sembrador, Jesús interpretó su enseñanza, no como una referencia a un mal impersonal, sino *al malo* (Mt. 13:19). Si Jesús hubiera estado pensando en un mal impersonal sus palabras carecerían de significado.

Tres son las opiniones expresadas para explicar la aparente creencia de Jesús en un diablo personal y en unos espíritus que le sirven:

1. El Señor, que vivió en una época primitiva y desprovista de ciencia, compartía con las gentes de su propio tiempo la creencia supersticiosa en un diablo personal, y tanto Él como ellos estaban equivocados. Tan sólo se le había provisto del grado de conocimiento esencial para llevar a cabo su misión en la tierra. En las demás cuestiones, estaba sujeto a los mismos errores y creencias supersticiosas de la época.
2. Jesús no compartía las creencias erróneas, aunque adecuaba sus enseñanzas y acciones a la creencia generalizada de la época. Tenía la misión de enseñar verdades espirituales y no ciencia, y lo hizo en el lenguaje del pueblo. Este argumento se ha expresado de una manera todavía más sutil: No puede haber ninguna duda, continúa, de que Jesús habló como si Satanás fuese una realidad; ahora bien, quedaría abierto a debate si simplemente utilizaba la forma de pensar de su época sin pronunciarse sobre su veracidad o falsedad.
3. Jesús creía en la existencia de un diablo personal y estaba en lo cierto.

La primera de las explicaciones expuestas, según la cual Cristo compartía los errores y las supersticiones de sus días, supone un golpe directo a su omnisciencia. En ella se incluye la negación de la declaración hecha por Cristo sobre su conocimiento del mundo invisible, del cual dijo haber venido, y también una impugnación a la integridad de las Escrituras.

La segunda de las explicaciones expuestas tiene que ver con factores aún más importantes. No sólo nos presenta a un Jesús como mínimo ingenuo, sino también realmente mentiroso, puesto que habría transmitido deliberadamente impresiones contrarias a la verdad. Nos muestra que Jesús no instruía a sus discípulos sino que los engañaba, como si estuviese promoviendo la superstición en vez de enseñar la verdad. Nos lo presenta de una manera absolutamente inconsecuente respecto a su afirmación de ser un maestro enviado por Dios, ya que nos mostraría a un Jesús que personificaba las enfermedades y se dirigía a ellas como si fuesen demonios. Pero lo más increíble de todo es que nos presenta a un Jesús que utiliza la superstición sin fundamento para justificar su declaración de divina autoridad, puesto que el entregar poder a sus discípulos para expulsar demonios se consideró un testimonio divino de su misión.

Pensemos por un momento en las implicaciones de las dos primeras explicaciones que se han expuesto. En cualquiera de los dos casos se nos dejaría con un hombre pecaminoso, inferior a Dios, y de una inteligencia limitada; es decir, exactamente lo contrario a lo descrito de manera uniforme por los evangelios. Más aún, el fundamento de nuestra confianza en Cristo como Señor y Salvador quedaría destruido. Si no podemos confiar en su enseñanza en este último punto, ¿en qué nos podemos basar para creer en sus enseñanzas acerca de Dios el Padre y la salvación? Si estaba equivocado en lo que enseñaba sobre Satanás, ¿cómo podemos saber que no se equivocaba también al hablar de Dios?

Es cierto que Jesús adornó su enseñanza con figuras llamativas y lenguaje pintoresco, pero no empleó esas figuras o ese lenguaje para transmitir conceptos que se oponían a la verdad. Aquel que *es* la verdad no hubiese podido ni hubiese querido decir nada que no fuera la absoluta verdad. Si lo hubiese hecho, no sería el Hijo sin pecado de Dios.

Nos queda la tercera de las explicaciones: Jesús creía en la existencia de un demonio personal y unos espíritus malignos que le servían, y su creencia estaba respaldada por los hechos.

2

ORIGEN Y CAÍDA

Dios es el único y absoluto bien. De un ser así no puede provenir nada que no sea el bien. Es más posible que de una fuente dulce mane veneno y que el sol produzca oscuridad y noche antes de que Dios engendre el mal en forma de depravación. Así, Dios no creó al diablo como diablo, es decir, tal y como es en la actualidad, de la misma manera que tampoco creó al hombre tal y como es en la actualidad. Ningún «mentiroso» ni ningún «homicida» ha emergido jamás de su voluntad creadora.[1]

—F. C. Jennings

DIOS, EN SU SABIDURÍA INESCRUTABLE, ordenó que las Escrituras no diesen muchos datos acerca del origen y la apostasía del diablo. Se nos dan algunas pistas e indicaciones, pero pocas afirmaciones categóricas. Al parecer hay dos pasajes en la Biblia que parecen tratar el problema; aun así, hay que reconocer que las diferentes opiniones para su correcta interpretación están muy divididas.

Según una de las escuelas de pensamiento, Isaías 14:4-21 y Ezequiel 28:12-19 se refieren únicamente a los reyes terrenales de Babilonia y Tiro; y estos son los receptores humanos de las profecías, sin que haya ulteriores aplicaciones. Ambos reyes fueron ricos y muy arrogantes, y a ambos se les arrebató el poder y humilló a causa de su orgullo, tal como los profetas habían predicho.

Señalan que no se hace ninguna referencia explícita a Satanás en ninguno de los dos pasajes, y que apuntar a que Satanás guarda alguna relación con ello, incluso en un segundo plano, es espiritualizar sin ninguna garantía y hacer falsa exégesis. Algunos comentadores evangélicos comparten esta postura, así como aquellos que no aceptan la existencia de un diablo personal y sus demonios.

La otra escuela de pensamiento, que cuenta con numerosos teólogos de gran reputación, considera que dichos pasajes proféticos son de gran importancia para esclarecer el estado original de Satanás y el pecado que le condujo a la caída. Ambas escuelas cuentan con argumentos de peso para defender sus posturas.

Ambas partes están de acuerdo en que la referencia *primordial* de los dos pasajes se centra en los reyes terrenales de Babilonia y Tiro y en que no hay una referencia *directa* al origen y caída de Satanás. Además, también concuerdan en que extraer importantes conclusiones doctrinales de pasajes poéticos o pictóricos de las Escrituras es una práctica cuestionable. Por el contrario, si existen otros criterios razonables para tal suposición que no contradicen en modo alguno el tono de las Escrituras, deberíamos estar dispuestos a considerarlos como posibles.

«En estos pasajes hay un significado místico latente que se entremezcla con las referencias inmediatas a personas de lugares y momentos históricos concretos y con hechos concretos.» Esta afirmación resume el segundo punto de vista. Incluso antes de la era cristiana, los comentadores judíos ya asumían que los textos aludían a Satanás. En una época tan temprana como el siglo III, algunos de los padres de la iglesia primitiva interpretaban ambos pasajes, en última instancia, como una referencia a la caída de Satanás. Así pues, la segunda postura no es, en absoluto, una invención moderna.

En favor del segundo punto de vista se podrían dar las siguientes razones:

1. Algunas de las expresiones utilizadas no se podrían

aplicar bajo ninguna circunstancia a un simple rey humano. ¿De qué rey pagano podríamos concebir que se dijese:

«... Tú eras el sello de la perfección, lleno de sabiduría y acabado de hermosura. En Edén, en el huerto de Dios estuviste; de toda piedra preciosa era tu vestidura ... yo te puse en el santo monte de Dios, allí estuviste... Perfecto eras en todos tus caminos desde el día que fuiste creado, hasta que se halló en ti maldad» (Ez. 28:12-15).

Ya que se trata de las palabras de Jehová Dios (28:11), a quien no se puede culpar ni de equivocación ni de exageración, debemos darles su valor completo. ¿Cómo podríamos concebir que estas palabras se refiriesen a algún rey de Tiro que conocemos? Incluso tomadas en un sentido poético, estas afirmaciones implican una perfección de origen y presagian una subsiguiente y desastrosa caída que no se podrían encontrar en ningún rey pagano.

2. A menudo, las profecías bíblicas tienen un doble cumplimiento: uno inmediato y uno más alejado. Al guiar a sus profetas, Dios les permitía a menudo contemplar acontecimientos que iban mucho más allá de su propio tiempo y hacer revelaciones acerca de poderosas fuerzas espirituales que estaban detrás de lo que en apariencia parecían acontecimientos puramente temporales. «Los profetas que profetizaron de la gracia destinada a vosotros, inquirieron y diligentemente indagaron acerca de esta salvación, escudriñando qué persona y qué tiempo indicaba el Espíritu de Cristo que estaba en ellos, el cual anunciaba de antemano los sufrimientos de Cristo, y las glorias que vendrán tras ellos. A éstos se les reveló que no para sí mismos, sino para nosotros...» (1 P. 1:10-12).

   Los escritos proféticos empiezan con la experiencia humana habitual, pero con frecuencia van más allá del hombre, hacia alguien que es mucho más que un hombre.

3. El estudio de la profecías mesiánicas revela exactamente la misma pauta. Los pasajes del Antiguo Testamento que prefiguran el Mesías, y que se ven confirmados en el Nuevo Testamento, normalmente surgen de circunstancias muy habituales. Por ejemplo, ¿quién de nosotros hubiese extraído del incidente de la serpiente de bronce la aplicación que el Señor hizo? Comparemos Números 21:9 con Juan 3:14; y también Isaías 7:10-14 con Mateo 1:23.

   Algunas de las situaciones narradas por David en los Salmos son experiencias puramente personales, pero están descritas empleando un lenguaje que, obviamente, tenía un significado más profundo y una aplicación más amplia. Muchas de sus expresiones aparecen posteriormente, en el Nuevo Testamento, vinculadas a experiencias del Mesías. El Salmo 22 es un notable ejemplo de este método de revelación. A la vez que habla de sí mismo, David, bajo la inspiración del Espíritu Santo, hizo algunas afirmaciones y describió ciertas condiciones que sólo podían cumplirse en el Mesías.

   Así, si las vivencias personales de David pueden estar tan estrechamente relacionadas con las de Aquel que fue el más grande de sus hijos, ¿sería razonable sugerir que Dios podría haber utilizado un método parecido para esclarecer la perfección original y la subsiguiente degradación de su archirrival? ¿Por qué no habría de inspirar aquellas descripciones poéticas para presentarnos un poco de la gloria original de Satanás y una explicación de sus formidables poderes?
4. Las Escrituras sitúan a Satanás en una posición de gran poder y autoridad en el actual sistema mundial. Por ejemplo, 2 Corintios 4:4 dice: «... el dios de este siglo cegó el entendimiento de los incrédulos, para que no les resplandezca la luz del evangelio....» Teniendo esto en cuenta, ¿es irrazonable asumir que

Dios permitió en este caso a los profetas ver más allá del reino terrenal del mal la actividad del espíritu maligno supremo que controla e inspira la tierra?

¿Resulta inconcebible que tras las fuerzas de la historia humana exista un mundo del mal, que los profetas viesen en visión detrás y más allá de los reyes de Tiro y de Babilonia el oscuro maligno que los usó como instrumentos?

5. ¿Qué podría haber prefigurado y representado con mayor precisión al dios de este siglo que el rey de Babilonia, el más grande y ateo de los poderes mundiales?
6. Aunque aceptemos las palabras de Isaías 14:13, 14 como poéticas, ¿no resultarían absurdas en boca de un rey pagano? Sin embargo, no serían inapropiadas para el poderoso y ambicioso espíritu maligno que controlaba al rey de Babilonia.
7. Si la interpretación que se propone para estos pasajes *no* se acepta, ¿no se nos dejaría a oscuras respecto a la entrada del pecado en el universo y con muy poca información en cuanto a la historia y ambiciones del enemigo de Dios y de los hombres? Por el contrario, si *se aceptan* las implicaciones mencionadas de estos pasajes, se nos iluminan amplias zonas de las Escrituras y podemos conocer un poco mejor las intenciones y las estrategias de Satanás.
8. En nuestra opinión, la interpretación sugerida no sólo no contradice en modo alguno sino que además concuerda totalmente con las demás enseñanzas de las Escrituras acerca del diablo y sus seguidores.

Así pues, aunque no se afirma dogmáticamente que la interpretación presentada sea la interpretación categórica de Isaías 14 y Ezequiel 28, parece haber más razones de peso para aceptarla que para rechazarla. Resumamos de la manera siguiente dichas razones: (a) está de acuerdo con el conjunto de las Escrituras; (b) está de acuerdo con el método de interpretación utilizado con otros pasajes proféticos de las Escrituras; (c) no es algo absurdo, como gran parte de los mitos y tradiciones antiguos, sino controlado y creíble; (d) ayuda a desacreditar las representaciones grotescas del diablo que tan bien le han servido para ridiculizarle y hacer olvidar la realidad de su existencia; y (e) da algunas indicaciones sobre el mundo invisible que no se encuentran en ningún otro lugar.

¿Qué se nos enseña?

1. A Satanás se le representa como un ser creado, que no tiene existencia propia ni es autosuficiente (Ez. 28:13, 15). Era un ser moral libre que tenía la capacidad de escoger el bien o el mal.
2. Como toda la creación de Dios, salió de la mano de Dios siendo perfecto y no un depravado demonio (28:12, 15).
3. Se le concedió gran sabiduría y hermosura (28:12).
4. Su caída parece haber sido el principio del mal en el universo (28:15).
5. Abrigaba ambiciones impías y su corazón se llenó de orgullo: «... subiré al cielo; en lo alto, junto a las estrellas de Dios, levantaré mi trono ... y seré semejante al Altísimo» (Is. 14:13, 14). Agustín escribió, en referencia a Satanás y a aquellos espíritus a los que atrajo consigo: «Al trocar la excelsa dignidad de la eternidad por lo hinchado del orgullo, al comerciar con la más cierta de las verdades por la depravación de la vanidad, se convirtieron en orgullosos, engañados y envidiosos».
6. Se convirtió en un ser egoísta en esencia, cegado por sí mismo y obstinado en usurpar los privilegios de Dios (Is. 14:13).
7. Sobre él recayó la sentencia de la expulsión (Ez. 28:16).
8. La ignominiosa caída de los reyes y los reinos de Babilonia y Tiro prefiguran la caída del dios y del reino de las tinieblas.
9. La esencia del pecado de Satanás se puede ver en los

cinco futuros empleados: «Subiré, levantaré, sentaré, subiré, seré» (Is. 14:13, 14). No estando satisfecho con la autoridad delegada, Satanás aspiró a disfrutar de una libertad sin límites. No se encontraba bajo la presión de la necesidad de pecar, sino que hizo uso de su propia voluntad. También es cierto de él lo que Milton escribió de Adán:

> «Ningún mandamiento de Dios coincidió en la necesidad de su caída, ni el roce del más leve instante de impulso en Su libre voluntad inclinó hacia la izquierda la imperturbable balanza.»

Uno de los libros más antiguos de la Biblia es el libro de Job, y en él también se esclarecen algunas cosas sobre las primeras acciones de Satanás en el mundo. En sus primeros capítulos se nos presenta a Satanás como a aquél a quien alguien ha llamado «el más grande cínico de la corte celestial». Su nombre se menciona por primera vez en el Antiguo Testamento en Job 1:8, donde aparece con los «hijos de Dios» (ángeles) ante el Señor. Gracias a ello sabemos que, a pesar de su caída, Satanás todavía tenía acceso a la presencia de Dios. Sin embargo, queda claro que no acudía ante Dios con espíritu reverente sino con maligna agresividad.

Aunque el hombre Job, de quien Dios dijo: «No hay otro como él en la tierra, varón perfecto y recto», no lo sabía, él mismo sirvió como campo de batalla para una prueba de fuerza entre Dios y Satanás. La cínica pregunta de Satanás: «¿Acaso teme Job a Dios de balde?» lanzaba el reto, y el desafío fue aceptado por Dios (1:12). Satanás sugirió a Dios socarronamente que la fidelidad de Job hacia Dios distaba mucho de ser desinteresada. Dios había «comprado» a Job con su trato preferente. «¿Acaso teme Job a Dios de balde?» Dios se lo jugó todo a la fidelidad de su siervo, y no lo hizo en vano. Job, en medio de arrasadoras circunstancias y desesperados sufrimientos, mantuvo su integridad y su fidelidad hacia Dios y se negó a ser apartado de las alturas de la fe. Y Satanás se retiró del campo de batalla derrotado. Job demostró que su amor y fidelidad hacia Dios ciertamente eran desinteresados.

De esta historia se desprenden algunas verdades importantes: a pesar de que los poderes de Satanás están indudablemente bajo control divino y éste no puede ir más allá de los límites permitidos por Dios, Dios le ha otorgado grandes poderes. Satanás incitó a los sabeos para que atacaran y asesinaran a los hijos de Job y a los caldeos para que mataran a su ganado y a sus siervos (1:15, 17). Tuvo poder para hacer caer rayos del cielo y para provocar un ciclón (1:16, 19). Tuvo poder para herir a Job mediante una enfermedad corporal (2:7). También confesó que se dedicaba a «rodear la tierra y ... andar por ella» (1:7). El significado de esas palabras es el de «ir de un lado para otro *como un espía*». Satanás espía a los hombres con el propósito maligno de acusarlos.

Así pues, durante la historia humana primitiva —ya que es posible que Job fuese contemporáneo de Abraham— Dios dio a conocer algo de lo que sucedía en el mundo de lo invisible y algunas ideas sobre las tretas del enemigo a su pueblo.

3

NOMBRES Y NATURALEZA

Lo vemos como Satanás, el adversario de las bendiciones de los hombres, en muchos pasajes del Antiguo Testamento. Tan aparentemente justas son sus peticiones, tan bien fundamentadas en la culpa evidente del acusado que muchos comentadores sostienen enfáticamente que el Satanás del Antiguo Testamento es una especie de juez supremo espiritual que persigue el mal se encuentre donde se encuentre … Su completo y verdadero carácter y su completo y verdadero nombre sólo se revela, sólo se nos dice cuando el Señor Jesús se hace hombre y se ve atacado por él. Entonces, por primera vez, se le llama simplemente el diablo.[1]

—J. C. Jennings

PARA LAS PERSONAS DEL MUNDO OCCIDENTAL, los nombres no tienen más que un cierto significado sentimental. Sin embargo, en las regiones orientales, los nombres eran, y son, algo muy diferente; sobre todo en tiempos bíblicos. Para ellos, los nombres describían y tenían significado.

A veces eran la expresión de la fe de los padres del niño, como sucede con Elías, cuyo nombre significa *Jehová es mi Dios*. A Jacob se le cambió el nombre de *tramposo, suplantador* a *Israel*, que significa *príncipe con Dios*. A veces, el nombre describía las características físicas, como es el caso de Esaú, cuyo nombre significa *rojo*, y Labán, que quiere decir *rubio*.

Uno de los medios a través de los cuales Dios se auto revela a sus criaturas son los nombres utilizados para referirse a Él. Se utilizan y se atribuyen una gran variedad de nombres y títulos en referencia a las personas de la Trinidad. En su libro *The Wonderful Names of Our Wonderful Lord* [Los maravillosos nombres de nuestro maravilloso Salvador], T. C. Horton incluye una lista de no menos de 365 nombres. Cada nombre revela una nueva faceta del carácter de Dios o de su relación con los hombres. Su autorrevelación a través de los nombres es creciente y acumulativa, y muestra de una manera gradual su personalidad, su carácter y sus atributos.

De la misma manera, la naturaleza, el carácter y las acciones del diablo se manifiestan paulatinamente en los nombres y títulos utilizados en referencia a él. Treinta nombres diferentes entre sí, como mínimo, describen su persona y exhiben su obra. No deja de ser un hecho notable el que la totalidad de su nombre y naturaleza no se revelasen hasta que Jesús vino a la tierra y las sacó a la luz. En el Antiguo Testamento, Satanás era sólo una figura imprecisa.

Un examen de los principales nombres de Satanás nos será de gran ayuda en nuestro estudio:

Satanás

«Satanás» significa *adversario, enemigo,* y se menciona tantas veces en la Biblia como todos los nombres de los demás ángeles juntos. También se emplea en referencia a adversarios humanos, como, por ejemplo, en 1 Reyes 11:14, 23. Sin embargo, los hebreos lo reservaron de manera uniforme a Satanás. En cincuenta y seis ocasiones se le representa invariablemente como el adversario implacable de Dios y los hombres. En Job, Satanás hace de parte acusadora, y presenta cargos contra Dios y su fiel siervo Job.

También podemos contemplarlo en el papel de entorpecedor de los propósitos de Dios. «Por lo cual quisimos ir a vosotros, yo Pablo ciertamente una y otra vez; pero Satanás nos estorbó» (1 Ts. 2:18). Se le considera, sin excepción, malvado, de personalidad maligna, hostil hacia Dios y los hombres y ocupado en poner estorbo a los benignos propósitos del Señor.

El diablo

La palabra griega traducida a menudo por *diablo* significa literalmente «peludo» y se usa para referirse a una cabra o un sátiro (Is. 13:21; 34:14). ¿Podría ser esta la razón por la cual se suele pensar en Satanás como un ser peludo con cuernos y pezuñas? Los sátiros se consideraban espíritus de demonios que vivían en el desierto, a los que se tenía que aplacar mediante sacrificios. Dicha palabra se emplea siempre con connotaciones de maldad.

El término griego *diabolos* tiene el significado de «calumniador, difamador, acusador maligno», y aparece treinta y cinco veces en el Nuevo Testamento. Era la palabra usada para referirse a un delator comprado. Fue el diablo quien tentó a Jesús en el desierto. En el Edén, calumnió a Dios delante de Eva, poniendo en tela de juicio Su integridad y sembrando la duda sobre la autenticidad de su amor. También calumnió a Job delante de Dios, alegando que la fidelidad por él confesada a Dios, lejos de ser verdadera, espontánea y desinteresada, era consecuencia del trato preferente otorgado por Dios a Job.

Nada satisface más a Satanás que poder inducir en los hijos de Dios sus propias características e influir a un cristiano para que calumnie a otro. No hay nada que rompa mejor la unidad en el Espíritu que esta sutil y oscura treta del enemigo, y nada debería ser más evitado por parte del cristiano.

Beelzebú

En el Antiguo Testamento, Baal-zebub aparece como el Dios de los filisteos de Ecrón. Se trata del dios al que el rey Ocozías quiso consultar (2 R. 1:2, 16). Reaparece en el Nuevo Testamento como Beelzebú, descrito como «príncipe de los demonios» (Mt. 12:24).

Dichos nombres significan «señor de las moscas», concepto que ha hecho que Satanás se venga a llamar «el espíritu que domina sobre la corrupción», descripción acertada de una de las mayores ocupaciones de Satanás.

El diablo corrompe todo lo que toca. Corrompe nuestra *vida personal* al fomentar la falsamente denominada «nueva moralidad». Corrompe nuestra *vida social* al incitar a hombres y mujeres a emborracharse, a vivir en libertinaje y a drogarse. Corrompe la *vida política* a través del soborno y la falta de sinceridad. Corrompe la *doctrina cristiana* al introducir «doctrinas de demonios». Su influencia corruptora invade todos los pensamientos y los comportamientos humanos.

Teniendo en cuenta lo dicho, ya estamos en posición de valorar la seriedad y la blasfemia de la acusación hecha en contra de Jesús; es decir, que exorcizaba demonios en el poder de Beelzebú, ya que Jesús identificaba a Beelzebú con Satanás (Mt. 12:26). Además, mediante este nombre podemos conocer un poco más la naturaleza del pecado que «no tiene jamás perdón» (Mr. 3:29).

Serpiente

«La serpiente antigua, que se llama diablo y Satanás»; así se le describe en Apocalipsis 12:9. Isaías lo llamó «Leviatán, serpiente veloz ... serpiente tortuosa» (Is. 27:1). El mismo Jesús empleó la serpiente como símbolo de engaño e hipocresía (Mt. 23:33), y para Pablo tenía una connotación parecida: «Pero temo que como la serpiente con su astucia engañó a Eva, vuestros sentidos sean de alguna manera extraviados de la sincera fidelidad a Cristo» (2 Co. 11:3).

Aquél a quien posteriormente se identificó como diablo apareció en primer lugar en las páginas de la Biblia con el siguiente nombre, en Génesis 3:1: «Pero la serpiente era astuta, más que todos los animales del campo.» La palabra «astuta» se traduce por *avisado* en Proverbios 22:3. La consumada sabiduría de la que Satanás estaba dotado antes de su caída degeneró en astucia y maña maligna.

La palabra hebrea utilizada para serpiente, *nachash*, podría significar «sisear o brillar», por lo que podría presentar a Satanás como «el resplandeciente, el brillante». Esto podría explicar el hecho de que a Eva no le repugnase su aproximación. En el mundo de la antigüedad, así como en nuestro moderno y sofisticado mundo, se consideraba la serpiente como un objeto de culto. Fuera cual fuere la naturaleza de la criatura poseída por el diablo, era tan atractiva, y su aproximación tan natural, que no produjo ni temor ni sospecha en Eva; y así logró su caída de una manera más sencilla.

Homicida

Fue el Señor mismo quien le dio a Satanás el título de *homicida*. «Vosotros sois de vuestro padre el diablo —dijo a los judíos— y los deseos de vuestro padre queréis hacer. *El ha sido homicida desde el principio*, y no ha permanecido en la verdad, porque no hay verdad en él...» (Jn. 8:44, cursivas añadidas).

Jesús les acusó, diciendo: «... procuráis matarme ... vosotros hacéis lo que habéis oído cerca de vuestro padre» (Jn. 8:37, 38). Desde el amanecer de la historia, Satanás ha manifestado tener pasión por matar y destruir. El Señor confirmó esta característica del diablo en las punzantes palabras de su parábola: «El ladrón no viene sino para hurtar y matar y destruir...» (Jn. 10:10).

El diablo dejó ver sus intenciones con la primera de las familias, cuando se cometió el primer fratricidio. Desde esa tragedia, el asesinato ha sido un hecho endémico para la raza humana. El que este crimen haya alcanzado unas proporciones tan alarmantes es una prueba clara de la actividad sin freno de Satanás en el final de los tiempos. Cuando estaba en Manila, se llegaron a denunciar hasta cuarenta y nueve asesinatos en una sola semana y sólo en la ciudad. Las Escrituras aseguran que Satanás proseguirá su carrera de asesinatos hasta las mismas puertas del cielo (Ap. 7:14).

León rugiente

Lo característico del león es que caza sus presas escondido y de manera implacable. Así, Pedro dice: «… vuestro adversario el diablo, como *león rugiente*, anda alrededor buscando a quien devorar» (1 P. 5:8, cursivas añadidas). Como sucede con el león, el propósito de Satanás es siempre destruir. Nunca da a conocer por adelantado sus intenciones, ni revela su presencia hasta que está preparado para atacar. Ruge *después* de la matanza, no antes.

De esta manera, el adversario siembra el terror en los corazones de sus víctimas. ¡Resulta trágico ver cómo triunfa entre los introducidos en el animismo! Siendo así su carácter, lanza ataques sorpresa de persecución sobre muchas iglesias y creyentes recientes. La iglesia Toradja de Sulawesi, Indonesia, sufrió terribles persecuciones por parte de sus fanáticos musulmanes vecinos. Se crucificaron cristianos, se les cosió a pieles de animales, y se les arrojó al río. A pesar de lo peor que el «león» pudo hacerle, la iglesia no sólo permaneció firme sino que creció.

Ninguna persona, ninguna iglesia ni ninguna obra misionera se ven exentos de la vigilancia de Satanás, que constantemente merodea alrededor. Por ello Pedro nos aconseja: «Sed sobrios y velad.» A Satanás se le ha llamado acertadamente «el sin día de reposo», por cuanto nunca deja el trabajo.

Satanás adapta hábilmente sus tácticas a la presa que persigue. Con los rudos paganos, posiblemente su papel más efectivo fuera el de león rugiente. Para el sofisticado filósofo, es posible que se transforme a sí mismo en un ángel de luz. «El mismo Satanás se disfraza como ángel de luz» (2 Co. 11:14).

Mentiroso

Satanás puede decir la verdad, pero, según Jesús, ¡es mentiroso hasta cuando la dice! Cuando dice la verdad, no lo hace con ninguna buena intención. Todo lo que hace es falso, malvado, maligno. Jesús dijo: «.... no ha permanecido en la verdad, porque no hay verdad en él. Cuando habla mentira, de suyo habla; porque *es mentiroso* y padre de mentira» (Jn. 8:44, cursivas añadidas).

Satanás es la fuente y el centro de toda falsedad, engaño y artificio en este mundo. Aunque a veces aparezca como el defensor de la ley divina, lo cierto es que siempre intenta destruirla. Falsifica la verdad, la desvirtúa, la tuerce y la mezcla con errores. Y lo hace tan hábilmente que engaña a los mismos escogidos. Como padre de mentira, Satanás fomenta y promueve la hipocresía, la exageración y el engaño.

Tentador

El término *tentador* se emplea dos veces en el Nuevo Testamento. Cuando el Señor estaba en el desierto, «vino a él *el tentador* y le dijo...» (Mt. 4:3, cursivas añadidas). Pablo también la emplea: «... envié para informarme de vuestra fe, no sea que os hubiese tentado *el tentador*, y que nuestro trabajo resultase en vano» (1 Ts. 3:5, cursivas añadidas).

El verbo *tentar* tiene dos significados en la Biblia. El primero es neutro, y significa «probar», como cuando se ensaya y se refina el oro. El otro significado tiene que ver con tentar en el sentido de «incitar al mal».

Las pruebas y las tentaciones son situaciones en las que a veces participan Dios y Satanás. La misma circunstancia puede ser a la vez una prueba y una tentación para hacernos caer en el mal, como es el caso de la tentación de José con la mujer de Potifar. Los hijos de Dios pueden esperar que les sobrevengan ambas situaciones. El objetivo de Satanás es el de causar nuestra ruina. El propósito de Dios es el de afirmarnos en santidad, ya que Dios no puede incitar al mal (Stg. 1:13).

El obispo Moule ha señalado que existen dos pares de palabras paralelas, que contienen una palabra griega y una hebrea, utilizados para diferenciar los dos conceptos. Uno de ellos significa «probar con la intención de separar el oro de lo que no tiene valor». Dichas palabras se usan siempre en un sentido positivo para denotar las pruebas enviadas por Dios.

El segundo par significa «probar con la intención de encontrar y aprovecharse del punto débil», como si se tratase de una campaña militar. El objetivo suele ser malvado (siempre lo es si se refiere a Satanás).

El mayor deseo de Satanás es tentar e incitar al pecado. Así lo hizo con los espíritus celestiales llamados «sus ángeles», a quienes causó «la pérdida de su estado inicial» (Mt. 12:24; Jud. v. 6; Ap. 12:7). Intentó frustrar los propósitos de Dios en cuanto a la gracia para los hombres al tentar a éstos a dejar de lado la fiel obediencia a Dios. El mayor arte del diablo es el hacerse invisible durante nuestras tentaciones.

Dragón

El título de *dragón*, en referencia a Satanás, sólo se encuentra en el Nuevo Testamento en el libro de Apocalipsis. «… he aquí *un gran dragón escarlata* … Después hubo una gran batalla en el cielo: Miguel y sus ángeles luchaban contra el dragón; y luchaban el dragón y sus ángeles; pero no prevalecieron…» (Ap. 12:3, 7, 8, cursivas añadidas).

La palabra se empleaba en referencia a cualquier monstruo, ya fuera marino o terrestre; en este caso se aplica a un monstruo apocalíptico. Para los griegos, el dragón era una criatura prodigiosa y mítica, feroz y temible que poseía un poder maligno terrorífico. En el pasaje que estamos tratando, el dragón se ocupa implacablemente de la destrucción del pueblo de Dios (12:4) y se le identifica con el «diablo y Satanás» (12:9).

El maligno

De la misma manera que Dios es la personificación de todo lo bueno y santo, el diablo personifica todo lo malo e impuro. En él, la maldad alcanza su nadir. Su influencia pecaminosa lo impregna todo. Juan escribió lo siguiente: «Sabemos que somos de Dios, y el mundo entero está bajo el maligno» (1 Jn. 5:19). La imagen que se nos presenta es la de alguien atrapado inconscientemente en sus brazos.

El acusador de los hermanos

Ernest Renan describió a Satanás como «el malvado crítico de la creación». Vemos aquí un oscuro aspecto más de la batalla sin tregua del diablo contra los cristianos cuyo deseo es andar cerca del Señor.

El padre de la mentira puede decir la verdad cuando le conviene. Ya sean verdaderas o falsas, Satanás lanza acusaciones contra los creyentes para quitarles la paz y para echar a perder su servicio. Es posible que ese torrente de acusaciones provoque un sentimiento de condenación. ¿Y qué mayor obstáculo para la oración efectiva que una conciencia acusadora? «Amados, si nuestro corazón no nos reprende, confianza tenemos en Dios; y cualquiera cosa que pidiéremos la recibiremos de él...» (1 Jn. 3:21, 22).

Cuando el acusador se enfrentó a Martín Lutero con listas y más listas de pecados, Lutero admitió con penitencia que todos eran pecados cometidos por él. Pero después se volvió al acusador y le dijo: «Ahora escribe sobre ellos: «*La sangre de Jesucristo su Hijo nos limpia de todo pecado*» (1 Jn. 1:7, cursivas añadidas). Esta es la respuesta adecuada, la respuesta perfecta a cada una de las acusaciones de Satanás.

El único que tiene el derecho de acusarnos es aquél en contra de quien hemos pecado. ¿Y que es lo que le dice al pecador penitente?: «... Ni yo te condeno; vete, y no peques más» (Jn. 8:11). Pablo escribió, gozando totalmente de la absolución divina: «¿Quién acusará a los escogidos de Dios? ... ¿Quién es el que condenará?...» (Ro. 8:33, 34).

Desde luego, no lo hará el Cristo que murió para librarnos de nuestros pecados. Ya no tenemos por qué sucumbir más a la condenación del acusador. No tenemos más que levantarnos y usar la espada del Espíritu, como hizo Martín Lutero.

Príncipe de este mundo El dios de este mundo

Fue Jesús quien llamó a Satanás príncipe, o gobernador, de este mundo. «... *porque viene el príncipe de este mundo*» (Jn. 14:30, cursivas añadidas). Pablo se refirió a él como el dios de este siglo: «... *el dios de este siglo* cegó el entendimiento de los incrédulos» (2 Co. 4:4, cursivas añadidas).

Aquí está claramente implícito que Satanás conduce el ateo sistema mundial actual. Es el gobernante de un mundo organizado de manera que Dios queda excluido, un mundo basado en los principios del egoísmo y la avaricia, que se expresa mediante la filosofía atea y la violencia sin freno. A Satanás se le reconoce el poseer poder sobre la muerte (He. 2:14), si bien su dominio no es permanente. Jesús anunció que: «Ahora es el juicio de este mundo; ahora el príncipe de este mundo será echado fuera» (Jn. 12:31).

Príncipe de la potestad del aire

«En los cuales anduvisteis en otro tiempo, siguiendo la corriente de este mundo, conforme al *príncipe de la potestad del aire...*» (Ef. 2:2, cursivas añadidas).

La pregunta que se nos plantea aquí es la siguiente: ¿Qué significa «el aire» en este nombre? ¿Lo deberíamos interpretar literal o figuradamente? En su libro sobre Efesios, William Hendriksen trata, para nuestra ayuda, sobre este problema. Dice:

> Si, por tanto, y de acuerdo a la doctrina consistente de las escrituras, los espíritus inmundos deben estar en *algún lugar*, pero no en el cielo de los redimidos, y si en la era presente no pueden estar restringidos al infierno,

> ¿resulta acaso extraño que Efesios 2:2 hable acerca de «el príncipe del imperio del aire»? No es más bien cosa natural que el príncipe del mal sea capaz, hasta donde Dios en su gobierno providencial lo permita, de llevar a cabo su siniestra obra enviando sus legiones a nuestro globo y su atmósfera circundante?
>
> ¿No es verdad acaso que 6:12 (las fuerzas espirituales del mal en los lugares celestiales») apunta en la misma dirección general? ... Este pasaje, en conjunción con otros (3:10, 15; 6:12), enseña claramente que Dios ha permitido habitar en las regiones supramundanas a huestes sinnúmero, y que en los dominios más bajos los servidores de Satanás se hallan empeñados en sus destructivas misiones?[2]

Hemos examinado catorce de los treinta nombres y títulos atribuidos al diablo. Ya tenemos una imagen bastante clara y sólida de él. Cuando J. B. Phillips, el traductor bíblico, habló a los espectadores de un programa de televisión sobre los resultados que su inmersión en los evangelios, durante su trabajo de traducción, había tenido en él, dijo: «Tuvo como resultado la aparición de una figura tan superior a los hombres que me hizo quedarme boquiabierto de incredulidad. La increíble humildad de Dios en su encarnación me llenó de un temor abrumador.»

A medida que analizamos el significado de los nombres del diablo, ¿cuál es la idea que de él se forma?

Simius Dei

Fue San Agustín quien llamó al diablo *Simius Dei*; es decir, el mono, el imitador, de Dios. Dicho concepto se ve apoyado por la advertencia de Pablo en 2 Corintios: «Porque éstos son falsos apóstoles, obreros fraudulentos, que se disfrazan como apóstoles de Cristo. Y no es maravilla, porque el mismo *Satanás se disfraza como ángel de luz*» (11:13, 14, cursivas añadidas). Juan escribe en Apocalipsis 13:11: «Después vi otra bestia que subía de la tierra; y tenía dos cuernos semejantes a los de un cordero, pero hablaba como dragón.» La identidad de la bestia queda clara por el contexto. El dragón imita al Cordero. Satanás copia a Dios; establece su propio plagio de sistema religioso, una imitación del cristianismo.

Satanás tiene su propia *trinidad*: el diablo, la bestia y el falso profeta (Ap. 16:13). Tiene su propia *iglesia*: una «sinagoga de Satanás» (Ap. 2:9). Tiene sus propios *ministros*: «ministros de Satanás» (2 Co. 11:14-15). Ha creado su propio *sistema de teología*: «doctrinas de demonios» (1 Ti. 4:1). Ha instaurado su propio *sistema de sacrificios*: «los gentiles sacrifican ... a los demonios» (1 Co. 10:20). Tiene su propia *ceremonia de comunión*: «la copa del Señor ... y la mesa de los demonios» (1 Co. 10:21). Sus ministros proclaman su *propio evangelio*: «otro evangelio diferente del que os hemos anunciado» (Gá. 1:7, 8). También tiene su propio *trono* (Ap. 13:2) y sus propios adoradores (Ap. 13:4).

Así pues, Satanás ha llevado a cabo una cabal imitación del cristianismo, un sistema religioso. En su papel de imitador de Dios, el diablo inspira *falsos cristos*, mesías autodeclarados (Mt. 24:4, 5). También utiliza *falsos maestros*, especialistas en «teología» que introducen «herejías destructoras, y aun negarán al Señor que los rescató» (2 P. 2:1). Se trata de expertos que mezclan la verdad y el error en tal proporción que hacen que el error sea agradable. Predican subrepticiamente y, a menudo, de forma anónima.

Satanás envía *falsos profetas*: «Y muchos falsos profetas se levantarán, y engañarán a muchos» (Mt. 24:11). Introduce *hermanos falsos* en la iglesia, quienes «a escondidas ... entraban para espiar nuestra libertad ... para reducirnos a esclavitud» (Gá. 2:4). También promueve falsos apóstoles que imitan a los verdaderos (2 Co. 11:13).

Como bien se ha dicho, «todo lo que el Señor hace bien, él (el diablo) lo caricaturiza mal o de forma maligna».

Un enorme contraste

La naturaleza y características del diablo son impresionantes cuando le comparamos a él y sus obras con el Espíritu Santo y sus ministerios de gracia. Satanás es la antítesis del Espíritu Santo en todos los sentidos. El Espíritu Santo, una persona real, fue enviado por el Padre y el Hijo para regenerar y santificar el pueblo de Dios y para equiparlo para el servicio a Dios. Satanás, asimismo una persona real, está entregado de manera implacable a alejar a los hombres de Dios y de su salvación y a torcer el avance del evangelio.

Veamos el testimonio que dan las Escrituras respecto a ese contraste:

El Espíritu Santo es el Espíritu de la verdad; el diablo es el espíritu del error (1 Jn. 4:6).

El Espíritu Santo es el Espíritu de la verdad; el diablo es padre de mentira (Jn. 14:17; 8:44).

El Espíritu Santo es un Espíritu dador de vida; el diablo ha sido un homicida desde el principio (1 Co. 15:45; Jn. 8:44).

El Espíritu Santo es el Espíritu de la santidad; el diablo es el autor del mal (Ro. 1:4; Mt. 6:13).

Al Espíritu Santo se le compara con una paloma inofensiva; al diablo se le compara a una serpiente astuta (Mt. 3:16; Ap. 12:9).

El Espíritu Santo es nuestro ayudador; el diablo es nuestro adversario (Ro. 8:26; 1 P. 5:8).

El Espíritu Santo es nuestro abogado; el diablo es un calumniador (Jn. 14:16; Job 1:9-11).

El diablo es «el hombre fuerte armado»; el Espíritu Santo es «otro más fuerte que él» (Lc. 11:21, 22).

El Espíritu Santo hace que los hombres se expresen; el diablo los vuelve mudos (Hch. 2:4; Mr. 9:17).

4

EDÉN Y EL DESIERTO

Dos son los acontecimientos revelados que sobresalen en la historia de Satanás, los cuales se encuentran entre el período de tiempo en el que propuso en su corazón ser como el Altísimo y su todavía futuro destierro y ejecución. El primero de ellos fue su encuentro con el primer Adán, cuando le arrebató al hombre el cetro de la autoridad y se aseguró la fiel obediencia del hombre a sus propias opiniones y consejos. Satanás conservó el cetro terrenal por derecho de conquista, sin que, aparentemente, Jehová le retase hasta el primer advenimiento del postrer Adán.... Se encontró con el Señor Jesús en el desierto y le ofreció todo lo que había ganado desde el primer Adán, incluso los reinos de esta tierra, con la condición de ... recibir la adoración obediente del postrer Adán ....

Independientemente de lo victorioso que haya sido Satanás sobre el primer Adán, lo cierto es que recibió juicio total y final y sentencia por medio del postrer Adán.[1]

—L. S. Chafer

La tentación del primer Adán

ANTES DE EXAMINAR LA TENTACIÓN inicial del primer Adán, tal y como viene narrada en Génesis 3, hay una pregunta importante que debería responderse: ¿Cómo se interpreta el pasaje? ¿Es mítico, alegórico o histórico? Las mencionadas alternativas han sido un campo de batalla teológico durante siglos. Analicemos, dentro de los límites del espacio de que disponemos, las tres diferentes concepciones.

La interpretación mítica

Los partidarios de la *interpretación mítica* sostienen que la historia es un mito, verdades expresadas de una forma poética que probablemente provenía del folklore de la época o de las naciones circundantes. El árbol sagrado, por ejemplo, aparece en la mayoría de las religiones. Aunque esta postura tiene algunos puntos a su favor, deja sin respuesta importantes cuestiones:

1. ¿Por qué se refirió Jesús a la historia del Edén como si fuese un hecho histórico? (Mt. 19:3-9; Mr. 10:29; Jn. 8:44). Si Jesús está equivocado en cuanto al origen del pecado, ¿podemos confiar en sus afirmaciones sobre la salvación del pecado? Su testimonio sobre el asunto es totalmente determinante si los evangelios son documentos en los que podemos confiar.
2. ¿Estaba asimismo equivocado Pablo al referirse específicamente a Adán y Eva como personajes históricos? «La serpiente con su astucia engañó a Eva» (2 Co. 11:3). «Porque Adán fue formado primero, después Eva; y Adán no fue engañado, sino que la mujer, siendo engañada, incurrió en transgresión» (1 Ti. 2:13, 14). Pablo basa la totalidad de su doctrina sobre el pecado en el carácter histórico de la historia de Génesis (Ro. 5:12), y tildarla de mito sería echar por tierra toda su enseñanza.
3. Las características de la poesía hebrea están ausentes en este capítulo.
4. Si el relato de las Escrituras no es histórico, ¿cómo se originó entonces el pecado humano? ¿Sería razonable suponer que aunque Dios nos da una clara y total

revelación sobre la salvación del pecado no nos ha dejado ninguna clave sobre el origen del pecado del cual tenemos que ser salvos?

La interpretación alegórica

Quienes están a favor de la *interpretación parabólica o alegórica*, quienes consideran los supuestos personajes históricos como símbolos de otras cosas, también se enfrentan con problemas. La simplicidad y lo poco artístico del relato están en su contra. El pasaje no posee las características distintivas de una parábola; si realmente se trata de una parábola, no tiene paralelo alguno en las Escrituras.

En cuanto a lo alegórico, ¿ha confundido alguien alguna vez la inmortal alegoría *El progreso del peregrino*[3] de Juan Bunyan con una historia real? La alegoría salta a la vista en cada página. Sin embargo, millones de personas inteligentes han interpretado el pasaje de Génesis como una historia auténtica.

Los que apoyan la postura alegórica tienen dificultades para interpretar su alegoría de manera consecuente. ¿Qué significa el jardín? ¿Y los animales? ¿En qué consistió la tentación? ¿Cuál era exactamente el castigo simbolizado en los versículos 3:16-18? ¿Quién era el tentador? Esta interpretación parece suscitar tantos interrogantes como dificultades resuelve.

La interpretación histórica

La *interpretación histórica o literal* sostiene que el pasaje se debería considerar en su sentido natural, obvio y sin forzar; y que se debería interpretar de manera consecuente con el resto del capítulo, es decir, como un relato histórico. Existen razones de peso para aceptar esta postura:

1. El relato no da, en sí mismo, indicación alguna de que pueda ser alegórico.
2. Cristo y otros escritores de las Escrituras coinciden en que se refieren a los detalles del pasaje como a hechos históricos reales.

3. La localización geográfica es histórica.
4. No hay ninguna indicación en el relato que lleve a pensar que no es histórico.
5. Los padres de la raza humana eran seres humanos reales, y no seres míticos, alegóricos ni legendarios. En consecuencia, vivían en la tierra y se alimentaban de sus productos. Ni ellos ni los frutos de la tierra son algo legendario.
6. La maldiciones que recayeron sobre el hombre, la mujer y la tierra son dolorosamente literales.
7. Pocos pasajes de la Palabra de Dios coinciden tanto con hechos demostrados de la historia y la ciencia como este capítulo.

Esta postura no pasa por alto el hecho de que los dos árboles simbolizaran verdades espirituales, aun cuando eran realidades visibles. El tabernáculo del desierto, por ejemplo, era un símbolo de verdades espirituales, pero también una realidad objetiva.

Teniendo en cuenta los mencionados factores, las siguientes líneas escritas por el doctor W. H. Griffith Thomas suponen la explicación más razonable y probable de la condición y la crisis actuales del hombre:

> El más verdadero de los métodos de interpretación es aquél que considera estos relatos como recuerdos pictóricos de hechos reales; historia sólida en forma pictórica. Resulta inadecuado hablar del relato como poético o simplemente simbólico, ya que se dará la impresión de que la historia no tiene que ver con acontecimientos reales. Asimismo, la alegoría se identifica con la verdad ilustrada, pero no presupone necesariamente ninguna base histórica. Lo que siempre debemos tener en mente y en lo que siempre debemos insistir es en que, ya sea alegórico o pictórico, el relato expresa hechos reales.[2]

Teniendo esto en cuenta, analicemos la tentación de la primera pareja, suceso de enorme importancia futura. Según la «ley de la primera mención» de la hermenéutica de las Escrituras, cuando se menciona por primera vez un asunto, a menudo se dan a conocer algunos conceptos importantes y fundamentales, conceptos que ayudan a esclarecer su empleo futuro en las Escrituras.

El acontecimiento de la tentación del primer Adán en el Edén, donde la serpiente, identificada posteriormente como Satanás, se menciona por primera vez, aporta algunos datos importantes sobre su naturaleza y forma de actuar. Aunque no se menciona específicamente a Satanás, tanto Pablo como Juan lo identifican con la serpiente (2 Co. 11:3, 14). «La serpiente antigua, que se llama diablo y Satanás» (Ap. 12:9).

Una de las palabras hebreas empleadas para *serpiente* tiene el significado de «brillar». De ello podríamos razonablemente inferir, considerando la maldición lanzada sobre ella, que la serpiente, en el Edén, no era como ahora, el más bajo y el más repulsivo de los animales creados. Por el contrario, sus características eran la belleza y el esplendor. Resulta obvio que no había en la serpiente nada que despertara aversión en Eva ni que levantara ninguna sospecha de intención maligna alguna.

Si leemos detenidamente el pasaje, se nos hace muy difícil no ver la presencia de una sutileza superior a la de una serpiente. Ninguna criatura irracional podría haber precipitado tales acontecimientos, que tanto han trastornado el mundo, con la misma sutil y consumada destreza. Se ha sugerido que, de la misma manera que el asno de Balaam pudo hablar por un milagro divino, la capacidad de hablar de la serpiente fue un milagro diabólico.

La teoría de que no hubo un tentador objetivo, sino que la conversación no fue más que un conflicto en la mente de Eva en forma de parábola no resuelve, ni mucho menos, las dificultades. ¿De dónde provino la circunstancia que introdujo el mal y la calamidad que tan claramente han afligido a los seres humanos? ¿De dónde venían los pensamientos de Eva, habiéndola hecho perfecta la mano de Dios? Si la serpiente no participó, ¿por que se profirió sobre ella tan solemne maldición? ¿Y qué *significa* entonces la maldición sobre la serpiente? Si no hubo serpiente, ¿qué hay de la enemistad entre las dos simientes?

De la apropiación del cuerpo de un animal para llevar a cabo su sutil propósito se deduce que Satanás no se puede materializar a voluntad. En las teofanías del Antiguo Testamento, Jehová se apareció en forma humana. Sin embargo, nada apunta a que Satanás posea tal poder. Aun así, se relata que «Satanás entró en Judas» y usó su cuerpo como instrumento de sus perversas intenciones. El mal espiritual tomó forma material para alcanzar el espíritu del hombre a través de la parte física de su ser.

Pablo dejó bien claro lo que había ocurrido al escribir: «La serpiente con su astucia engañó a Eva» (2 Co. 11:3). La primera revelación del carácter de Satanás en la Biblia tiene que ver con su papel de engañador, y ello sigue siendo cierto en todo el resto del libro. La treta utilizada para atacar la fe y la integridad de Eva nos debería alertar sobre la sutileza de su acercamiento.

Factores de la tentación

Veamos algunos de los factores presentes en la tentación de Eva:

1. Satanás se acercó a ella cuando estaba sola y sin el apoyo de su marido. La tentación es, sobre todo, una experiencia solitaria.
2. Satanás se cuidó mucho de no aparecer en una forma que pudiera aterrorizar a Eva o causarle repulsión. Ello sólo la hubiese hecho volverse a los brazos de Dios. Por el contrario, Satanás escogió como instrumento un animal atractivo, aunque inferior.
3. Satanás no llamó la atención de Eva proponiéndole alguna blasfemia evidente en contra de Dios, sólo le

propuso la ingenua y gratificante satisfacción de un deseo natural; pero fuera de la voluntad del Señor.
4. Satanás no dio la impresión de ser el enemigo implacable de Dios. Es cierto que sus referencias a Dios eran injuriosas, pero no de una manera flagrante.

Tengamos en cuenta los *elementos de la tentación* que llevaron a la caída fatal. Juan resumió los elementos constituyentes del mundo como: «Los deseos de la carne, los deseos de los ojos y la vanagloria de la vida» (1 Jn. 2:16). Cada uno de esos elementos está presente en el primer ataque del dios de este mundo sobre el primer hombre [véase Gn. 3:6].

«Y vio la mujer que el árbol era bueno para comer»: los deseos de la carne; «y que era agradable a los ojos»: los deseos de los ojos; «y árbol codiciable para alcanzar la sabiduría»: la vanagloria de la vida.

Satanás sedujo a Eva a rebelarse y a desobedecer aprovechándose de su apetito corporal, de su sentido estético, y haciendo nacer en ella una ambición impía: «Serán abiertos vuestros ojos, y seréis como Dios, sabiendo el bien y el mal» (Gn. 3:5).

Orden de la tentación

El orden de la tentación no fue menos sutil que su substancia. En primer lugar, mediante, al parecer, preguntas inocuas y agradables insinuaciones, Satanás despertó la curiosidad en Eva. Después provocó sutilmente sospechas sobre el amor de Dios y su bondad desinteresada, y así plantó la semilla de la duda sobre la integridad de Dios y su palabra. De hecho, desvirtuó la palabras de Dios para que se amoldaran a sus propios propósitos malignos. En último lugar, negó abiertamente las palabras de Dios y se rió de la idea de un castigo por romper una prohibición divina.

Los diferentes pasos de la caída de Eva suponen para nosotros una importante enseñanza cuando nos vemos en situaciones parecidas provocadas por el maligno. ¿Cuáles son esos pasos descendentes?

1. En vez de rechazar inmediatamente cualquier difamación de su benefactor, de quien sólo había recibido bien, Eva escuchó las calumnias de Satanás. Si dejamos lugar en nuestros pensamientos a las calumnias en contra de Dios habremos puesto el primer pie en el camino hacia la capitulación.
2. Eva empezó a dudar de la benevolencia de Dios.
3. Ello hizo que abriera la puerta a los recelos sobre la veracidad de la palabra de Dios.
4. Eva exageró las prohibiciones divinas (cp. Gn. 2:16, 17 con 3:3).
5. También le quitó importancia al castigo que Dios había establecido (cp. Gn. 2:17 con 3:3).
6. Anheló lo que Dios había prohibido.
7. Desafió la prohibición de Dios. Y, no satisfecha aún, incitó a su marido a que hiciera lo mismo.

Además, la tentación conlleva dos hechos más. El primero es que, puesto que Adán y Eva fueron creados perfectos por la mano de Dios, sin tendencia al mal, el mal tuvo que provenir del exterior, de una fuente no humana. El segundo hecho es que este incidente nos permite ver con mayor claridad la actitud permanente de Satanás hacia la Palabra de Dios. Puede citarla correctamente o tergiversarla, según convenga a sus planes. También la torcerá, la negará y la desacreditará. Pero hay una cosa para la cual no tiene ningún poder: no puede afectar su absoluta verdad, ya que «la Escritura no puede ser quebrantada».

Así pues, ya en la primera mención de nuestro gran adversario en la Biblia podemos escuchar una clara advertencia sobre la sutileza y la naturaleza maligna de las tentaciones a las que también nosotros debemos enfrentarnos.

El golpe a la cabeza de la serpiente

Resulta a la vez sorprendente y alentador saber que, incluso en el mismo versículo en el que sentenció a la serpiente, Dios dio la primera indicación, por poco clara que parezca, de un evangelio que nos libra del poder de Satanás: «Y pondré enemistad entre ti y la mujer, y entre tu simiente y la simiente suya; *ésta te herirá en la cabeza*, y tú le herirás en el calcañar» (Gn. 3:15, cursivas añadidas). Tan sólo a la luz de lo sucedido en los siglos posteriores podemos entender las tremendas implicaciones de esta enigmática profecía.

La expresión «la simiente de la mujer» es tan extraña como insólita. La simiente siempre es la del hombre. Sin afirmar que se trata de una predicción del nacimiento virginal, bien se podría decir que la construcción gramatical poco habitual deja abierto el camino a ese acontecimiento único.

Además, las características de la sentencia y profecía indican que la simiente (singular) de la mujer no sólo heriría la simiente de la serpiente sino también a la misma serpiente. «Y el Dios de paz aplastará en breve a Satanás bajo vuestros pies....» (Ro. 16:20). La imagen proviene de una antigua costumbre según la cual el rey vencedor ponía los pies sobre el cuello del rey conquistado, como símbolo de su completa subyugación (Jos. 10:24).

> Cristo rompe los grilletes de los presos
> Y a Satanás hiere en la cabeza,
> Infunde poder a las almas desfallecidas
> Y en los muertos vida.
>
> —Carlos Wesley

El instrumento más apropiado

En la tentación del Edén se puede observar la sutileza de Satanás para seducir al creyente al pecado y a la rebelión en contra de Dios, no sólo al haber escogido la ocasión más favorable, sino también al haber escogido al instrumento humano más adecuado. Y esto sucede en el umbral de la historia de los hombres.

Dios formó a Eva como la esposa de Adán porque «no

había para él ayuda idónea». Adán y Eva se convirtieron en uno solo. Disfrutaron no sólo de la compañía del otro sino también de una dichosa comunión con Dios. Aquello que Dios dio a Adán para ayudarle resultó ser el instrumento de su caída. La tragedia que acabó hundiendo la totalidad de la raza humana se expresa con muy pocas palabras:

> Y vio la mujer que el árbol era bueno para comer, y que era agradable a los ojos, y árbol codiciable para alcanzar la sabiduría; y tomó de su fruto, y comió; y dio también a su marido, el cual comió así como ella (Gn. 3:6).

Satanás alcanzó su objetivo de quebrantar la fidelidad de Adán hacia Dios aprovechándose de su afecto natural. A Eva la engañó el tentador. Sin embargo, Adán pecó con los ojos bien abiertos. Puso el cariño hacia su mujer por encima del amor hacia su Dios, y, al hacerlo, trajo la ruina sobre toda la raza humana.

Cuando fue probado en el crisol del sufrimiento, Job se agarró a su integridad y su fe en la bondad de Dios para hacer frente a una avalancha de problemas. Sin embargo, posteriormente, y con el permiso de Dios, Satanás «hirió a Job con una sarna maligna desde la planta del pie hasta la coronilla de la cabeza. Entonces le dijo su mujer: ¿Aún retienes tu integridad? Maldice a Dios, y muérete» (Job 2:7, 9).

Una vez más, Satanás intentó el truco que había provocado la rebelión de Adán. Utilizó como instrumento de la tentación a la persona que debería haber dado el mayor apoyo a Job. Pero allí donde Adán cayó, Job se mantuvo firme. Veamos su confesión de confianza inamovible en Dios: «Como suele hablar cualquiera de las mujeres fatuas, has hablado. ¿Qué? ¿Recibiremos de Dios el bien, y el mal no lo recibiremos?... (2:10).

Hasta el fiel, aunque impetuoso, Pedro sirvió

involuntariamente a Satanás al hacer una sugerencia que, de haber sido escuchada, hubiera desviado a Jesús de su camino hacia la cruz:

«Entonces Pedro, tomándolo aparte, comenzó a reconvenirle, diciendo: Señor, ten compasión de ti; en ninguna manera esto te acontezca. Pero él, volviéndose, dijo a Pedro: ¡Quítate de delante de mí, Satanás!; me eres tropiezo, porque no pones la mira en las cosas de Dios, sino en las de los hombres» (Mt. 16:22, 23).

La tentación del postrer Adán

La arrogancia y la desfachatez de Satanás no tienen límites. Llegó incluso a retar al Hijo de Dios en un combate de fuerzas. Había obtenido una clamorosa victoria sobre el primer Adán en el jardín del Edén. Y ahora ponía a prueba al postrer Adán en el árido desierto.

Un tentador personal

No había nadie con Jesús en el desierto; ningún testigo de la tentación. Así pues, parece razonable suponer que el relato de los acontecimientos dado por los evangelistas vino directamente de los labios de Jesús. El lenguaje utilizado deja la clara impresión de que se las tuvo que ver con un tentador personal, en un feroz combate (véase Mt. 4:3-11):

> «Y vino a él el tentador, y le dijo»
> «El diablo le llevó a la santa ciudad»
> «Jesús le dijo: Escrito está también»
> «Jesús le dijo»
> «El diablo entonces le dejó»

Es casi imposible intentar hacer coincidir el lenguaje utilizado con el concepto de una fuerza o una influencia impersonal o una personificación del mal. Fue una confrontación de dos seres personales. Tampoco resulta admisible sugerir que Jesús se vio inmerso en un conflicto interno contra sus propios deseos y ambiciones. Si no se enfrentó a un diablo personal y real, tal y como describen las Escrituras, la única alternativa sería apuntar a que las tentaciones venían del interior de su persona. Y ello presupondría una disposición al mal en su interior, posibilidad que queda específicamente excluida por las Escrituras: en cuanto a su esencia, en él no había pecado; en cuanto a su experiencia, *no conoció pecado;* en cuanto a sus hechos, no *practicó* el pecado.

Démonos cuenta de que, en realidad, la tentación no fue iniciada por el diablo. El conflicto no fue ni un incidente ni un accidente. Fue un reto directo lanzado por Dios contra el usurpador: «Entonces Jesús fue llevado por el Espíritu al desierto, para ser tentado por el diablo» (Mt. 4:1). La razón por la que el Hijo de Dios apareció fue, según Juan, «para deshacer las obras del diablo» (1 Jn. 3:8). Este fue el primer gran enfrentamiento del dilatado conflicto.

La tentación del Edén se repite

Los elementos y estrategias utilizados por Satanás para conquistar al primer Adán reaparecen en el desierto. Su sutileza se muestra en la aparente naturalidad y en lo razonable de sus propuestas. Después de un largo ayuno, ¿qué podría ser más correcto y más natural que satisfacer el hambre? ¿Qué mejor oportunidad podría haber para que Jesús estableciese que era el Hijo de Dios que llevar a cabo un gran milagro? Si había una vía más fácil de llegar al trono prometido que el camino del sufrimiento y el rechazo ¿por qué no tomarla?

Sin embargo, cada tentación era un anzuelo cuidadosamente escondido. El ceder hubiese representado, para Jesús, el haber actuado de manera independiente y contraria a su Padre. Es cierto que Jesús habría satisfecho un apetito legítimo, pero a través de unos medios ilegítimos. Podría haberse producido algún resultado espiritual, pero, aun así, éste hubiese sido contrario a la voluntad de su

Padre. Jesús podría haber obtenido herencia, pero no la que su Padre había preparado para Él.

Los caminos de la tentación

El estudio de las tres tentaciones revela que se trata de tentaciones representativas que abarcan todas las facetas del deseo humano.

El escritor a los Hebreos nos dice que tenemos «un sumo sacerdote que ... fue tentado en todo según nuestra semejanza, pero sin pecado» (4:15). ¿Significa ello que Jesús sufrió cada una de las tentaciones concretas que el hombre ha padecido durante todos los tiempos? Desde luego que no. ¿Cómo podría, por ejemplo, haber sufrido las tentaciones propias de la era espacial? ¿No significa más bien que las tentaciones acometieron contra Él en todas sus fuerzas *desde todos los caminos posibles a través de los cuales pueden alcanzar la naturaleza humana?* Las circunstancias externas y los detalles específicos pueden variar sustancialmente. No obstante, las tentaciones, en esencia, son las mismas para todos los hombres de todas las edades.

Esencialmente, las tentaciones atacan al hombre desde sólo tres perspectivas. Las demás tentaciones no son más que variantes de estas tres. Así pues, no debería sorprendernos el encontrar que los tres elementos mencionados están presentes tanto en la tentación del Edén como en la tentación del desierto.

El primero de los caminos es el del *apetito, el del deseo de disfrutar de las cosas* (Mt. 4:2-4). Juan los llama «los deseos la carne» (1 Jn. 2:16).

Como Jesús tenía hambre, Satanás hizo una primera aproximación en el plano físico, dentro del ámbito de los apetitos legítimos. El diablo se apareció haciendo el papel de benefactor. ¿Por qué no iba a poder Jesús calmar su hambre utilizando su poder inherente para transformar las piedras en pan? ¿Es que el deseo de comer no es un instinto inocente dado por Dios? Ya que era el Hijo de Dios,

¿por qué no servirse de sus indudables poderes para satisfacer un deseo perfectamente legítimo?

La tentación era tan insidiosa, tan plausible, que pocos de nosotros hubiéramos detectado en ella la presencia de Satanás. Sin embargo, la tentación no se centraba en el derecho a satisfacer el hambre, sino en *el sometimiento de Jesús a la voluntad de Dios*. En cada una de las tentaciones, Satanás intentó persuadir a Jesús para que actuara de manera contraria a la completa dependencia de Dios, para que lo hiciera independientemente y en su propio interés.

El método empleado por Jesús para apagar y desviar los peligrosos dardos del adversario fue sencillo pero eficaz. El mismo Espíritu que le condujo al conflicto le hizo recordar un importante pasaje de las Escrituras que ponía al descubierto la verdadera naturaleza de la tentación. «Escrito está: NO SÓLO DE PAN VIVIRÁ EL HOMBRE, SINO DE TODA PALABRA QUE SALE DE LA BOCA DE DIOS» (Mt. 4:4). Dichas por Él, estas palabras expresaban la total confianza en que su Padre le proporcionaría el pan que necesitaba siguiendo su propio método y a su tiempo.

Jesús no quiso valerse de sus privilegios divinos para satisfacer sus deseos naturales. Ceder a las propuestas de Satanás hubiese equivalido a negar su encarnación. Hubiese «puesto a su servicio poderes que sus hermanos no podían utilizar», y así anulado el propósito mismo de su advenimiento.

Además, habría satisfecho un anhelo legítimo de una manera ilegítima. Prefirió seguir terriblemente hambriento a alejarse de la voluntad de su Padre. Si se hubiese rendido a las artimañas del tentador y utilizado sus poderes para procurarse pan mediante un milagro, su llamada al discipulado hubiera perdido gran parte de su atractivo para aquellos que no poseían los mismos poderes.

El segundo camino por el cual la tentación ataca al hombre es la *ambición, el deseo de conseguir cosas* (Mt. 4:5, 6). Juan lo describe como «la vanagloria de la vida» (1 Jn. 2:16).

El escenario ha cambiado. Satanás conduce a Jesús del árido desierto a la parte más alta del templo. El pináculo —o, mejor dicho, pretil— se encontraba con toda probabilidad en el ala del sur, desde donde se podía contemplar el valle de Cedrón varios cientos de metros por debajo. Josefo asegura que «cualquiera que mirase hacia abajo sentiría vértigo, y su mirada no podría abarcar tan inmensa profundidad». Al parecer, la propuesta de Satanás no era que Jesús saltara al transitado patio del templo sino al abismo.

El punto central de esta segunda tentación era *la confianza del Señor en Dios*. El tentador reforzó su proposición con una cita válida de las Escrituras. Pero al hacerlo, con una extraordinaria sutileza, omitió la frase fundamental «en todos tus caminos» (cp. Lc. 4:10, 11 con Sal. 91:11, 12). Satanás retó a Jesús a que demostrara su fe en el Padre y pusiera a prueba su promesa.

El Maestro respondió que el hacerlo, para Él, no sería *fe* sino *presunción*. Rehusó ir más allá de los límites que Dios había establecido para Él y así no tentó a Dios. Dios no está comprometido a responder «todo capricho irresponsable de las peticiones de fe». El exhibirse no era uno de los métodos de Dios, y tampoco lo era de Jesús. Los judíos buscaban un Mesías que obrase grandes maravillas y que estableciese, de esa manera, un imperio mundial cuyo centro fuera Jerusalén. Sucumbir a las tentaciones de Satanás hubiese supuesto ceder a sus esperanzas carnales.

Fijémonos en cómo repite Jesús la fórmula «escrito está». Sabía cómo esgrimir «la espada del Espíritu, que es la palabra de Dios» (Ef. 6:17). Miró hacia el centro de la tentación y aplicó los principios escriturales y espirituales apropiados a la situación. Cada porción de las Escrituras utilizada por Él muestra *la visión que Dios tiene* de los factores que conlleva la tentación. En este caso, Jesús no incitaría al peligro de forma presuntuosa, ya que estaba claro que esa no era la voluntad de Dios. Se negó a establecer el reino sobre el que tiene derecho mediante una exhibición externa.

Habiendo fracasado nuevamente, el tentador hizo el

último intento para apartar a Jesús del camino de la fe y de la obediencia a su Padre.

El tercero de los caminos a través de los cuales la tentación puede alcanzar al hombre es la *avaricia, el deseo de obtener cosas* (Mt. 4:8-11). Juan lo describe como «los deseos de los ojos» (1 Jn. 2:16).

El primer ataque de Satanás al Señor fue en el plano de lo físico; el segundo, en el de lo mental. En el tercero, Satanás invadió el reino de lo espiritual. Quiso que Jesús le otorgase a él (a Satanás) el lugar que pertenece únicamente a Dios. Esta vez condujo a Jesús a una montaña alta. Allí, aparentemente en una visión —ya que «todos los reinos del mundo y la gloria de ellos» no se podían ver físicamente «en un momento» desde ningún monte de Palestina—, le mostró la gloria de los dominios del mundo al Hijo del Hombre. El diablo le ofreció un reino exterior, con toda su pompa y esplendor exteriores. Llama la atención el que Jesús no pusiese a prueba la jactancia de Satanás: «A ti te daré toda esta potestad, y la gloria de ellos; *porque a mí me ha sido entregada, y a quien quiero la doy*» (Lc. 4:6, cursivas añadidas). Jesús no acusó a Satanás de falsedad, como hubiese hecho de no haber sido verdadera su pretensión. Es más; si no hubiese sido verdad, no habría constituido una verdadera tentación.

Desde luego, Jesús había venido a ganar un reino mundial de poder y gloria. Pero lo haría de acuerdo a la manera del Padre, y sabía que esa manera incluía una muerte de agonía en la cruz. Se dio cuenta de que lo que Satanás le ofrecía era una corona sin una cruz. El punto central de este último ataque era la posibilidad *de evitar la angustia y la agonía de la muerte* al hacer un trato con Satanás.

Por segunda vez, el Señor desenvainó la espada del Espíritu y la blandió con maestría: «Escrito está: AL SEÑOR TU DIOS ADORARÁS, Y A ÉL SÓLO SERVIRÁS».

Tras haber fallado el asalto a la ciudadela de la lealtad y obediencia de Cristo a su Padre, el diablo le dejó, pero sólo «por un tiempo». Posteriormente volvió para atacarle, y con una furia aún mayor.

Por nosotros bautizado, por nosotros llevó
Santo ayuno y hambriento dolor,
Por nosotros las duras tentaciones conoció,
Por nosotros al tentador derrotó.

—Isaac Watts

No deja de ser un hecho significativo el que cada una de las respuestas dadas por Jesús a Satanás fuesen citas de Deuteronomio, el libro en cuya contra se han dirigido los más fuertes ataques de crítica destructiva. Es tranquilizador saber que el Hijo de Dios no albergaba ninguna duda respecto a su autenticidad o autoridad.

Y, ¿cuáles fueron los resultados de la tentación?

En cuanto al Señor mismo, supuso un triunfo absoluto. Las sutiles proposiciones del maligno no pudieron ensuciarlo de pecado. Tampoco se vio afectada en modo alguno la relación de hijo que tenía con el Padre. Cuando empezó la tentación, Él estaba «lleno del Espíritu Santo»; y volvió de ella «en el poder del Espíritu», enriquecido y no empobrecido.

En cuanto a creyente, la victoria de Cristo nos da la seguridad de que es posible tener un triunfo personal sobre Satanás y sus ardides. Nos muestra la maravillosa posibilidad de salir indemnes de la más dura tentación.

En cuanto a Satanás, la tentación tuvo como resultado una derrota ignominiosa y total. Cada respuesta de Jesús supuso un nuevo e imparable golpe. Las sutilezas y sofisterías de Satanás quedaron implacablemente manifiestas. Su derrota en el desierto fue el primer paso hacia su derrota final y absoluta de la consumación de los tiempos.

Frías montañas en el aire de la medianoche
Atestiguaron el fervor de tu oración;
Tus tentaciones el desierto conoció,
tu lucha, y también tu victoria.

—Isaac Watts

5

JERARQUÍAS ENEMIGAS

Existen dos jerarquías que se oponen la una a la otra, enfrentadas en guerra eterna. Los ángeles buenos, de parte de Dios, y todos los santos, luchan para impulsar todo lo bueno; los demonios malignos se alían entre sí y con todos los hombres perversos para provocar el desastre y la ruina, y, si fuera posible, suplantar incluso al Todopoderoso.[1]

—A.T. Pierson

¿Rey del infierno?

LA GENTE SUELE PENSAR que de la misma manera que Dios es el rey del cielo, Satanás es el rey del infierno. Y también que, igual que el cielo es el centro del gobierno de Dios, el infierno es el lugar desde donde Satanás dirige sus infames actuaciones. Sin embargo, dicha creencia no encuentra base alguna en las Escrituras. Satanás nunca aspiró a ser el rey del infierno sino el rey del cielo. Este hecho queda perfectamente claro en las jactanciosas y ambiciosas palabras por él expresadas: «... Subiré al cielo; ... sobre las alturas de las nubes subiré, y seré semejante al Altísimo» (Is. 14:13, 14).

Castillo fuerte es nuestro Dios,
Defensa y buen escudo;
Con su poder nos librará
en este trance agudo.
Con furia y con afán
acósanos Satán,
por armas deja ver
astucia y gran poder,
cual él no hay en la tierra.

—Martín Lutero

Como ya se ha dicho con anterioridad, la creencia popular acerca del diablo y sus seguidores se ha basado en gran medida en los escritos medievales, en especial los de Dante y Milton. Éste último hizo famosa la idea de un Satanás que reina en el infierno, diciendo que eso era lo que ambicionaba. Pero esa idea es precisamente lo contrario de la verdad. Veamos las palabras que Milton pone en boca de Satanás:

> La mente es su propio lugar, y en ella misma puede hacer un cielo del infierno o un infierno del cielo. ¿Qué importa dónde esté, si siempre soy el mismo, y lo que pueda ser, todo, pero menos que Aquél que ha hecho mayor al trueno? Aquí al menos seremos libres; el Todopoderoso no ha construido aquí para su envidia, no nos expulsará de este lugar; aquí podemos reinar seguros, y *para mí vale la pena la ambición de reinar, aunque sea en el infierno. Es mejor reinar en el infierno que servir en el cielo.*
>
> —*Paradise Lost* [El paraíso perdido]

No hay nada en Apocalipsis ni en ninguna otra parte de las Escrituras que apoye la idea anterior. En ningún lugar se dice que Satanás está en el infierno en la actualidad. Es «el dios de este siglo» y «el príncipe de la potestad del aire»; ese es su dominio y la esfera de sus actuaciones en nuestro tiempo. No será expulsado al infierno hasta el final de los días:

> Vi a un ángel que descendía del cielo, con la llave del abismo, y una gran cadena en la mano. Y prendió al dragón, la serpiente antigua, que es el diablo y Satanás, y lo ató por mil años; y lo arrojó al abismo ... Cuando los mil años se cumplan, ... el diablo que los engañaba fue lanzado en el lago de fuego y azufre, donde estaban la bestia y el falso profeta; y serán atormentados día y noche por los siglos de los siglos (Ap. 20:1-3, 7, 10).

Así pues, la suposición de que Satanás gobierna como rey del infierno carece de base bíblica. Ahora tiene un reino temporal, pero únicamente como mentiroso y usurpador; y no en el infierno. Cuando vaya finalmente al infierno lo hará como prisionero, no como rey. Entretanto, Satanás sí tiene un reino sobre el que ejerce su autoridad.

Dos jerarquías

Puesto que Satanás conspiró para expulsar a Dios del trono del universo, él mismo ha sido expulsado de su lugar privilegiado y ha establecido un reino enemigo. La existencia de estos dominios enfrentados queda bien patente en las Escrituras:

> «Y si también Satanás está dividido contra sí mismo ¿cómo *permanecerá su reino*?...» (Lc. 11:18, cursivas añadidas).
>
> «Porque vendrán del oriente y del occidente, del norte y del sur, y se sentarán a la mesa en *el reino de Dios*» (Lc. 13:29, cursivas añadidas).
>
> «... el que no naciere de agua y del Espíritu, no puede entrar en *el reino de Dios*» (Jn. 3:5, cursivas añadidas).

Los súbditos del reino de Dios son aquellos que

reconocen la salvación y el señorío de Cristo y que han aceptado su soberanía. Los súbditos del reino de Satanás son aquellos que no reconocen la salvación y el señorío de Cristo. No reconocen que Él es el Rey. Fijémonos en que a Satanás se le llama «el príncipe de este mundo» (Jn. 12:31), pero nunca «el rey de este mundo». Satanás mantiene sus aspiraciones, pero sólo como traidor y usurpador. Sus seguidores lo reconocen, ya sea consciente o inconscientemente, como «dios de este siglo» (2 Co. 4:4).

A estos dos reinos se les contrasta aún más llamándolos el *reino de las tinieblas* y el *reino de la luz*. «El cual nos ha librado de la potestad de las tinieblas, y trasladado al reino de su amado Hijo» (Col. 1:13). El pecado se caracteriza por la oscuridad y la muerte; la justicia, por la luz y la vida.

Al instituir a Pablo como apóstol de los gentiles, el Señor resucitado dijo: «Pero levántate ... porque para esto he aparecido a ti, ... para que abras sus ojos, para que se conviertan *de las tinieblas a la luz, y de la potestad de Satanás a Dios...*» (Hch. 26: 16, 18, cursivas añadidas). Pablo identifica esa esfera de la oscuridad como el dominio de la autoridad de Satanás en el que los hombres son capturados y mantenidos.

La jerarquía de Satanás

El reino de Dios está organizado de manera que su voluntad se lleva a cabo a través de los ángeles en los que Él ha delegado la autoridad de gobernar y servir por debajo de su persona. Cada rango de ángeles tiene una esfera asignada y unas responsabilidades especiales. Pablo se refiere así a la gradación de estos seres espirituales: «tronos, dominios, principados, potestades» (Col. 1:16).

Satanás, queriendo imitar el reino de Dios, organizó su reino de la oscuridad de forma parecida. Realiza su obra a través de diferentes gradaciones de los demonios que se le unieron en su caída. Al parecer, algunos de esos demonios tienen autoridad por regiones, como por ejemplo «el príncipe de Persia» y «el príncipe de Grecia» (Dn. 10:13, 20).

Pablo se refiere a los espíritus malignos como «principados», «potestades», «gobernadores de las tinieblas» y «huestes espirituales de maldad en las regiones celestes» (Ef. 6:12). Los términos mencionados eran frecuentemente utilizados en la angelología de los tiempos de Pablo. Es posible que Pablo empleara los términos habituales para demostrar la supremacía de Cristo sobre todas las demás posibles existencias, ya fuesen celestes o terrestres. Es posible que no podamos darle un significado exacto a cada uno de esos términos, pero hay algunas indicaciones que sí parecen apropiadas:

Los *principados* pueden referirse a los príncipes del reino de Satanás a los que se ha concedido autoridad sobre unas regiones específicas y que actúan en las esferas políticas.

Potestades puede tener el significado de espíritus malignos hechos de energía y fuerza que, inducidos por Satanás, incitan a los hombres a realizar actos de violencia.

Gobernadores de las tinieblas puede ser una indicación de los espíritus malignos que fomentan la hechicería, la astrología, la superstición, el espiritismo, la idolatría, etc., y que tienen la función de mantener a los hombres en oscuridad espiritual.

Las *huestes espirituales de maldad en las regiones celestes* pueden ser aquellos espíritus que invaden el reino de la experiencia religiosa haciéndose pasar por ángeles de luz y que arrastran a los hombres de la verdad y la santidad a la corrupción e impiedad.

Las Escrituras nos presentan una sólida imagen de estas dos jerarquías enemigas que se enfrentan en una batalla sin tregua. Dado que tanto Dios como Satanás se concentran en los hombres en un intento de ganarse su lealtad y cooperación, el cristiano se encuentra a sí mismo en el centro de una guerra disputada con mucha astucia. A Dios y a los ángeles del bien les preocupa lo mejor para los hombres. Por el contrario, Satanás y sus demonios se han aliado con los hombres malignos para provocar la ruina del hombre. Entre las dos jerarquías se produce una guerra a muerte.

Satanás sabe que su derrota final es segura. Y, viendo cómo se aproxima rápidamente la fecha de la ejecución de la sentencia que ya ha sido pronunciada sobre él (Ap. 12:12), hace, con gran ira, todo lo que su poder le permite para posponer dicho acontecimiento el mayor tiempo posible.

El mundo o sistema satánico

Vale la pena considerar la naturaleza del mundo que constituye su reino. Lo que la tela de araña es para la araña, el cebo para el pescador y el señuelo para el cazador, es el mundo para Satanás: el medio para capturar hombres.

¿Cómo es el mundo del que Satanás es dios? Para diferenciar esta palabra —*kosmos*— de otras palabras que se han traducido por «mundo», podría ser conveniente adoptar el término «sistema mundial», puesto que tal es su connotación. La palabra «mundo», tal y como Pablo y Juan la utilizaron, es la sociedad humana que se organiza para excluir a Dios, para hacerle superfluo. Se refiere al gran sistema del mal sobre el cual ejerce Satanás un poder déspota. Sus principios esenciales no son el amor y el sacrificio personal sino el egoísmo, la avaricia, la ambición, el placer y la fuerza (Mt. 4:8, 9; Jn. 12:31; 18:36; Ef. 2:2; 1 Jn. 2:15-17).

«Sabemos —escribió Juan— el mundo entero está bajo el maligno» (1 Jn. 5:19). Satanás, como el genio que preside este mundo, enuncia sus objetivos y traza sus normas. El mundo abarca a todos los hombres no regenerados, ya sean amables o poco amables, puesto que a todos les une el deseo y el propósito comunes de ser independientes de Dios. Se le llama «el mundo maligno», y odia al Cristo que dijo de él que «sus obras son malas» (Jn. 7:7).

En relación al sistema mundial satánico, C. I. Scofield ha escrito:

> Este sistema mundial es imponente y poderoso, con ejércitos y flotas armadas, y muy a menudo, aparentemente religioso, científico, culto y elegante; pero estando lleno de rivalidades y ambiciones comerciales y nacionales, se sostiene en toda crisis grave solamente por la fuerza armada, y se halla bajo el dominio de principios satánicos. [2]

Fueron los reinos de este mundo los que el diablo ofreció a Jesús en el desierto. La expresión «los reinos del mundo», empleada por Satanás durante la tentación, se utilizaba habitualmente para describir al Imperio Romano, que tenía bajo su poder la mayor parte del mundo conocido. El control del mundo le fue entregado a Satanás por parte del primer hombre, quien rindió la soberanía sobre la tierra y la creación que Dios le había entregado al usurpador. Incluso después de la victoria del Calvario, por medio de la cual Jesús recuperó la heredad que los hombres habían perdido, Dios ha permitido, por razones que considera sabias, que Satanás siga ejerciendo control sobre este sistema mundial.

No resulta difícil percibir la huella del control satánico en la corrupción, el engaño y la suciedad que caracteriza a los políticos de este sistema mundial y sus políticas.

6

LOS DEMONIOS Y LA POSESIÓN DEMONÍACA

El hombre está especialmente abierto a toda influencia del mundo de los espíritus, ya sean buenos o malignos. De la misma manera que el cuerpo físico le da acceso a las impresiones de la naturaleza física, y su vida animal y su inteligencia al contacto con toda forma de vida consciente, su ser espiritual responde al acercamiento invisible de otros espíritus, tan distintos y personales como él mismo, si bien no limitados a los sentidos como vías de contacto.[1]

—A. T. Pierson

SI COMPARAMOS las enseñanzas del Nuevo Testamento acerca de la demonología con las ideas babilónicas, e incluso con las fuentes rabínicas judías, nos daremos cuenta de la incomparable superioridad de la revelación divina. L. M. Sweet afirma que en las primeras no aparece ninguna de las fantasías grotescas tan comunes en las otras.

De las ochenta referencias a los demonios del Nuevo Testamento, en once ocasiones se deja bien clara la distinción entre la posesión demoníaca y las enfermedades. Tomemos como ejemplo Mateo 4:24: «... le trajeron todos los que tenían dolencias, los afligidos por diversas enfermedades y tormentos, los endemoniados, lunáticos y paralíticos; y los sanó». Los resultados de la posesión demoníaca parecen ser únicamente mentales en dos casos (Mt. 8:28 y Hch. 19:13). En otro caso se especifica que se trata de epilepsia (Mt. 17:15).

También se distingue entre las enfermedades causadas por demonios y las que no son causadas por ellos: «Entonces fue traído a él un endemoniado, ciego y mudo; y le sanó, de tal manera que el ciego y mudo veía y hablaba» (Mt. 12:22). «Y se le acercó mucha gente que traía consigo a cojos, ciegos, mudos, mancos, y otros muchos enfermos; y los pusieron a los pies de Jesús, y los sanó» (Mt. 15:30).

Aquellos que han vivido en tierras paganas y han dado testimonio de las inenarrables crueldades que provoca el temor a los espíritus malignos no dudan de la precisión y el significado de los relatos bíblicos.

La existencia de los demonios

Si aceptamos la realidad de la existencia del diablo con la autoridad de Cristo, tenemos las mismas razones para creer en la existencia de los demonios, de quienes se dice que es el príncipe.

Se les llama *espíritus malignos* seis veces y *espíritus inmundos* veintitrés veces en el Nuevo Testamento. Ambos términos son intercambiables por la palabra *demonios*, ya que ambos se utilizan para la misma persona. «... un hombre de la ciudad, endemoniado, ... porque mandaba al espíritu inmundo que saliese del hombre...» (Lc. 8:27, 29). No se trata de los espíritus de las personas muertas, tal como creían algunas autoridades judías y creen hoy muchos paganos, sino que se les describe como los *ángeles* del diablo. Jesús hablo del «fuego eterno preparado para el diablo y sus ángeles» (Mt. 25:41). Se les define como «ángeles que no guardaron su dignidad, sino que abandonaron su propia morada» (Jud. v. 6).

En varios pasajes de las Escrituras aparece que, antes

de crear al hombre, Dios creó a millones de ángeles de diferentes rangos. Lucifer era su líder. Cuando tuvo lugar su misteriosa revuelta, Satanás atrajo consigo en su caída a un gran número de esos ángeles. Estos ángeles se le han unido en su batalla en contra de Dios y sus ángeles santos. «Después hubo una gran batalla en el cielo: Miguel y sus ángeles luchaban contra el dragón; y luchaban el dragón y sus ángeles; pero no prevalecieron, ni se halló ya lugar para ellos en el cielo» (Ap. 12:7, 8).

Algunos de esos espíritus malignos, que son ángeles caídos, están en libertad, buscando reposo. «Cuando el espíritu inmundo sale del hombre, anda por lugares secos, buscando reposo, y no lo halla» (Mt. 12:43). Existe una gran cantidad de ellos. «Porque le decía: Sal de este hombre, espíritu inmundo. Y le preguntó: ¿Cómo te llamas? Y respondió diciendo: Legión me llamo; porque somos muchos» (Mr. 5:8, 9). Como consecuencia de ser un gran número, los enviados de Satanás aportan a éste algo así como una omnipresencia limitada.

Otros demonios están prisioneros en el Tártaro, si bien no se nos revela si es a causa de algún otro horrible pecado o por otras razones. «Porque si Dios no perdonó a los ángeles que pecaron, sino que arrojándolos al infierno los entregó a prisiones de oscuridad, para ser reservados al juicio» (2 P. 2:4). «Y a los ángeles que no guardaron su dignidad, sino que abandonaron su propia morada, los ha guardado bajo oscuridad, en prisiones eternas, para el juicio del gran día» (Jud. v. 6).

La naturaleza de los demonios

1. Son seres *espirituales*, y, como tales, no son materiales. Jesús dijo: «… palpad, y ved; porque un espíritu no tiene carne ni huesos, como veis que yo tengo» (Lc. 24:39). Al ser espíritus, son independientes de lo material.
2. Son seres *personales*. No se deben confundir la personalidad con la corporeidad. Dios es espíritu, pero no

es corpóreo. Los mismos argumentos utilizados para probar la personalidad de Dios se pueden utilizar para demostrar la personalidad de los demonios. Tienen la capacidad de pensar, hablar y actuar (Hch. 19:15, 16), ya que tienen la capacidad de influir a una personalidad humana. El hecho de «que no guardaron su dignidad, sino que abandonaron su propia morada» (Jud. v. 6) y de que pecaron (2 P. 2:4) deja claro que tenían la capacidad de tomar decisiones morales. Eran sensibles al miedo (Lc. 8:31) y tenían la capacidad de enfurecerse (Mt. 8:28).

3. Son seres *inteligentes*. El espíritu inmundo que controlaba al hombre de la sinagoga gritaba: «Sé quién eres, el Santo de Dios» (Mr. 1:24). Las respuestas que los demonios daban a Cristo eran expresadas mediante un uso inteligente del lenguaje. Un espíritu inmundo dijo a los hijos de Esceva: «A Jesús conozco, y sé quién es Pablo; pero vosotros, ¿quiénes sois?» (Hch. 19:15). Podía discernir lo verdadero de lo falso. Hay quien ha sugerido que la palabra griega *demon* deriva de otra que significa «inteligente». Sin embargo, su inteligencia está corrompida y entregada a los propósitos malignos.
4. Son seres *invisibles*. Al ser incorpóreos, no son ni visibles ni tangibles. Las Escrituras no registran ningún caso en el que hayan tomado forma visible o tangible.
5. Son seres *creyentes*. No hay ateos entre ellos. «Tú crees que Dios es uno; bien haces. También los demonios creen y tiemblan» (Stg. 2:19). También tienen fe, aunque no fe salvadora, ya que no les lleva al arrepentimiento. Reconocen y confiesan la deidad de Cristo, pero rechazan darle su devoción. También conocen quiénes son los verdaderos creyentes y obedecen la autoridad del nombre de Jesús (Hch. 19:15).
6. Son seres *incorpóreos*, pero parecen sentir una extraña pasión por la posesión de cuerpos físicos, ya sean

humanos o animales. «Y le rogaron todos los demonios, diciendo: Envíanos a los cerdos para que entremos en ellos. Y ... entraron en los cerdos...» (Mr. 5:12, 13). «Entonces va, y toma consigo otros siete espíritus peores que él, y entrados, moran allí; y el postrer estado de aquel hombre viene a ser peor que el primero...» (Mt. 12:45). Al parecer, los demonios deben de tener el control sobre los órganos del cuerpo, lo que les permite llevar a cabo sus diabólicas tareas. Una vez obtenido el control sobre un ser humano, parecen ser capaces de ir y volver a voluntad. «Cuando el espíritu inmundo sale del hombre, anda por lugares secos, buscando reposo; y no hallándolo, dice: Volveré a mi casa de donde salí» (Lc. 11:24).

7. Son seres *poderosos* y hacen uso de una fuerza sobrehumana. También son capaces de impartir fuerza sobrehumana a sus víctimas. «Un hombre ... endemoniado ... le ataban con cadenas y grillos, ... pero rompiendo las cadenas, era impelido por el demonio a los desiertos» (Lc. 8:27-29). Les encanta utilizar cuerpos humanos para fines malignos.
8. Son *innumerables* y están muy bien organizados, de manera que pueden representar a su príncipe en cualquier lugar de la tierra (Mr. 5:9; Lc. 8:30; Mt. 12:27, 28).
9. Su primer estado, al igual que el de Adán y Eva, fue *de prueba*. Estaban dotados de voluntad propia y podían renunciar a su lealtad hacia Dios. Cuando Satanás (su líder) cayó, se unieron a él en su rebelión. Todos los que participaron en su rebelión fueron condenados con él y ya no se les concedieron pruebas posteriores. «Dios no perdonó a los ángeles que pecaron» (2 P. 2:4). Parece probable que los ángeles que ahora sirven a Satanás estuvieran a su servicio cuando era «querubín grande».
10. Son dolorosamente *conscientes de su inminente destino*. «Qué tienes con nosotros, Jesús, Hijo de Dios?

¿Has venido acá para atormentarnos *antes de tiempo*? (Mt. 8:29, cursivas añadidas).

11. Todos son malvados, pero *no todos son igual de malvados*. Un espíritu inmundo salió de un hombre y luego volvió con «otros siete espíritus *peores que él*» (Mt. 12:45, cursivas añadidas).
12. *Su destino* es el «fuego eterno preparado para el diablo y sus ángeles» (Mt. 25:41).
13. Tienen el poder de *provocar incapacidades físicas*. «...Maestro, traje a mi hijo, que tiene un espíritu mudo, el cual, dondequiera que le toma, le sacude; y echa espumarajos, y cruje los dientes...» (Mr. 9:17, 18).

La posesión demoníaca

«En principio, no hay ninguna razón —ha escrito el doctor L. L. Morris— para rechazar totalmente el concepto mismo de la posesión demoníaca. Cuando los evangelios nos dan pruebas claras de que ocurrieron, lo mejor que podemos hacer es aceptarlas.»[2]

Las enseñanzas de las Escrituras dejan claro que los espíritus malignos tienen acceso al ser espiritual del hombre y que pueden influenciarle para bien o para mal. Forma parte de la situación del hombre el que pueda ser influenciado, tanto por un espíritu bueno como por un espíritu maligno. De las muchas referencias a la posesión demoníaca hemos seleccionado las siguientes:

> Estaba Jesús echando fuera un demonio, que era mudo; y aconteció que salido el demonio, el mudo habló; y la gente se maravilló (Lc. 11:14).
>
> Y se difundió su fama por toda Siria; y le trajeron todos los que tenían dolencias, los afligidos por diversas enfermedades y tormentos, los endemoniados, lunáticos y paralíticos; y los sanó (Mt. 4:24).
>
> ... Maestro, traje a mi hijo, que tiene un espíritu mudo, el cual, dondequiera que le toma, le sacude; y echa

> espumarajos, y cruje los dientes, y se va secando... (Mr. 9:17, 18).
>
> ... vino a su encuentro un hombre de la ciudad, endemoniado desde hacía mucho tiempo; y no vestía ropa, ni moraba en casa, sino en los sepulcros. ... y le ataban con cadenas y grillos, pero rompiendo las cadenas, era impelido por el demonio a los desiertos (Lc. 8:27-29).

Son muchos los que hoy en día opinan que la posesión demoníaca era únicamente la manera en que la gente de la época se refería a lo que en la actualidad llamaríamos enfermedad mental o epilepsia. Sin embargo, un examen cuidadoso de la terminología de las Escrituras muestra que las dos cosas se diferencian claramente. Nótese, por ejemplo, la variedad de términos empleados en Mateo 4:24, ninguno de los cuales es idéntico. Se distingue específicamente a los endemoniados de los epilépticos.

En tiempos del Nuevo Testamento, cuando alguien padecía una enfermedad especialmente grave, la gente decía de él que tenía un demonio. Los aparentemente ascéticos hábitos de Juan el Bautista y las extrañas enseñanzas de Jesús se llevaron la misma acusación. «Porque vino Juan, que ni comía ni bebía, y dicen: Demonio tiene» (Mt. 11:18). Jesús dijo: «... el que guarda mi palabra, nunca verá muerte. Entonces los judíos le dijeron: Ahora conocemos que tienes demonio...» (Jn 8:51, 52). No obstante esta creencia habitual, y a menudo injustificada, no debería cerrarnos los ojos a la realidad de la verdadera posesión demoníaca.

Los evangelios dan testimonio de que la encarnación de Dios a través de Cristo desató una furia y una actividad demoníacas sin precedentes. La presencia en la tierra del enemigo absoluto de Satanás no podía ser desaprovechada. La pureza y el poder de su santa vida sólo podían atraer la atención de aquel impío. La luz de la verdad siempre despierta a los poderes de las tinieblas.

Jesús diferenciaba las enfermedades habituales de aquellas provocadas por los demonios. Sanó las primeras mediante la imposición de sus manos, mandándoles a los enfermos que se fueran a lavar; y sanó las últimas mediante la exorcización del demonio responsable del trastorno. Veamos la diferencia en este versículo: «Y les dijo: Id, y decid a aquella zorra [Herodes]: He aquí, *echo fuera demonios y hago curaciones* hoy y mañana...» (Lc. 13:32, cursivas añadidas). Y también: «Y echaban fuera muchos demonios, y ungían con aceite a muchos enfermos, y los sanaban» (Mr. 6:13).

Cuando Jesús exorcizó al demonio que había provocado ceguera y mudez a un hombre, los fariseos atribuyeron sus poderes al diablo. «Mas los fariseos, al oírlo, decían: Este no echa fuera demonios sino por Beelzebú, príncipe de los demonios» (Mt. 12:24).

El *Nuevo diccionario bíblico*[3] afirma que la mayoría de psicólogos rechaza la idea de la posesión demoníaca. Para ellos, lo equivalente a la posesión demoníaca en nuestros días sería «un complejo de fenómenos compulsivos particularmente extensos». Sin embargo, puede haber una posición intermedia. Cabe la posibilidad de que un demonio pueda ser capaz de aprovecharse de una faceta reprimida de la personalidad y, a partir de ese punto, influir las actuaciones de la persona. Ello puede llegar a provocar ceguera o mudez histéricas o epilepsia. La Biblia no atribuye la epilepsia a la posesión demoníaca. Los ataques del chico que aparece en Mateo 17:15 parecen indicar algo más que epilepsia.

En Hechos 19:13-16 se describe una situación que puede servirnos de ayuda. Algunos exorcistas judíos —hijos de un sumo sacerdote judío llamado Esceva— habían sido testimonio de los milagrosos exorcismos y curaciones de Pablo y habían codiciado su poder. Al darse cuenta de que Pablo utilizaba lo que ellos pensaban que era una fórmula religiosa muy poderosa, «el nombre del Señor Jesús», ellos mismos la empezaron a utilizar. Pero vieron cómo, muy a su pesar, la fórmula no dio resultado. En vez de someter al espíritu maligno, fueron ellos los sometidos. El nombre de Jesús no tenía ningún poder si salía de una boca impía. El demonio no reconoció la autoridad divina de una simple boca humana. Únicamente los que están autorizados por Cristo pueden usar su nombre. «He aquí os doy potestad … sobre toda fuerza del enemigo…» (Lc. 10:19). Cuando empleamos el nombre de Cristo actuamos como sus representantes.

El demonio se dio cuenta del plagio. Y, hablando a través de sus víctimas, pronunció las mordaces siguientes palabras:

> A Jesús conozco, y se quién es Pablo; pero vosotros, ¿quiénes sois? Y el hombre es quien estaba el espíritu malo, saltando sobre ellos y dominándolos, pudo más que ellos, de tal manera que huyeron de aquella casa desnudos y heridos (Hch. 19:15, 16).

Para el que no está «en Cristo» es peligroso inmiscuirse en su dominio. Sin embargo, el nombre de Pablo era temido.

Existen tanto puntos comunes como contrastes entre la manera de obrar de Satanás en «los hijos del malo» (Mt. 13:38) y la obra del Espíritu Santo en «los hijos de Dios». Satanás controla y otorga poder a los que le han dado su lealtad. «En los cuales anduvisteis en otro tiempo, siguiendo la corriente de este mundo, conforme al príncipe de la potestad del aire, el espíritu que ahora opera en los hijos de desobediencia» (Ef. 2:2). Comparémoslo con: «Porque Dios es el que en vosotros produce así el querer como el hacer, por su buena voluntad» (Fil. 2:13). Del mismo modo que Dios da poder a través del Espíritu Santo a sus mensajeros, el diablo imparte su sutileza y fuerza satánicas a sus emisarios.

Motivación

¿Qué motivación tienen los demonios para entrar en alguien? ¿Qué les inspira a llevar a cabo su demoníaco y destructivo ministerio?

En el lado positivo, la *lealtad* a su príncipe escogido, cuyo reino y autoridad anhelan establecer y ampliar. Si todos los obreros de Cristo trabajaran con el mismo celo para su Rey como los demonios para Satanás, ¡no existirían en el mundo los más de 2.000 millones de personas que no conocen el evangelio! Para conseguir sus objetivos, mantienen una batalla sin tregua por los intereses de su maestro.

> Porque no tenemos lucha contra sangre y carne, sino contra principados, contra potestades, contra los gobernadores de las tinieblas de este siglo, contra huestes espirituales de maldad en las regiones celestes (Ef. 6:12).

En el lado negativo, su motivación proviene de un odio implacable hacia Cristo. Su propósito inflexible es destruir su iglesia y arruinar los propósitos de Cristo. Conocen a Cristo y saben de su propósito de bendecir a la humanidad. Las enormes fuerzas de la oscuridad no entregarán el control de un mundo que duerme en manos del maligno sin librar una lucha desesperada.

7

ARTIMAÑAS Y ARDIDES

Si juntamos las dos palabras, maquinación y ardid, en un solo significado, nos damos cuenta de que las Escrituras nos dicen que los pensamientos de Satanás, engaño, trampa, artimaña y artificio, no deberían sernos desconocidos. La razón que tenía Pablo para decir que no desconocemos estas cosas es que, por supuesto, tenemos la clara revelación de las Enseñanzas de la Palabra de Dios en referencia a ellas. Sin duda, una de las mayores artimañas de Satanás ha sido el intento de mantener a los hombres sin saber cuál es la verdadera naturaleza de su ser y del engañoso alcance de sus pretensiones.[1]

—Donald G. Barnhouse

VÍCTOR HUGO DECÍA que «un buen general debe penetrar en el cerebro de su enemigo». En tiempos más recientes, el mariscal de campo Lord Montgomery dijo en sus memorias que cuando se le asignó el mando de la campaña norteafricana de los Aliados en contra de los alemanes, en la Segunda Guerra Mundial, el punto principal de sus estudios no fue el terreno sobre el que deberían luchar, sino la personalidad, la procedencia, y el comportamiento de su adversario, el General Rommel. Si era capaz de prever la estrategia que Rommel iba a adoptar, podría dar los pasos necesarios para anticipársele e incluso vencerle. ¿Deberíamos nosotros ser menos prudentes en la batalla espiritual en la que estamos inmersos?

Una vez me encontraba dando una charla sobre este asunto en Hong Kong. Un joven intérprete chino, mientras repasábamos juntos el mensaje, me enseñó un notable proverbio de los muchos con que cuenta la rica literatura china: «Si te conoces a ti mismo y a tu adversario con claridad podrás ganar cien veces en cien batallas.» Sin embargo, muchos de nosotros somos analfabetos espirituales en lo que al conocimiento de nuestro gran adversario se refiere. Como resultado, perdemos nuestras batallas. No sigamos siendo analfabetos en la materia; aprendamos la estrategia del diablo:

Estrategia utilizada con los incrédulos

Como soberano del reino de las tinieblas, el diablo adopta la estrategia de cegar las mentes de los no regenerados:

> En los cuales el dios de este siglo cegó el entendimiento de los incrédulos, para que no les resplandezca la luz del evangelio de la gloria de Cristo, el cual es la imagen de Dios (2 Co. 4:4).

Le horroriza la idea de que la luz de Cristo brille en sus corazones y les revele su estado ante Dios. Sabe que eso les haría volverse a Dios. Mientras la luz liberadora no entre en sus mentes, él será capaz de mantenerlos cautivos. Su plan consiste en hacer que no sean conscientes de la gravedad de su condición. «… el mundo entero está bajo el maligno» (1 Jn. 5:19). Para mantenerlos acallados y dormidos y en oscuridad espiritual, los alimenta de pensamientos erróneos acerca de Dios, les llena el entendimiento de prejuicios, les hace caer en la trampa de las falsas filosofías, o simplemente mantiene ocupada su mente con las cosas de este mundo.

Cuando Pablo dijo: «Porque no ignoramos sus maquinaciones», estaba diciendo que «sabemos cómo funciona su pensamiento». Una *maquinación*, tal y como se emplea aquí la palabra, significa «algo ideado o concebido para algún fin o resultado; un plan o proyecto; un recurso ingenioso o agudo; una conspiración, artimaña o engaño».

Satanás arrebata la buena semilla de la Palabra. «Cuando alguno oye la palabra del reino y *no la entiende*, viene el malo, y arrebata lo que fue sembrado en su corazón...» (Mt. 13:19, cursivas añadidas). La imagen, desde luego, es la de unos pájaros abalanzándose sobre el grano que cae de la mano del sembrador junto al camino. Aun así, el diablo arrebata la buena semilla de la Palabra antes de que se introduzca en el entendimiento y sea recibida por fe. Así actúa Satanás siempre que se predica la Palabra, lo cual acentúa el hecho de que debemos orar tanto *antes* como *después* de la predicación, ya que su sutil artimaña demasiado a menudo tiene éxito. Cuántas veces la solemne impresión de una predicación llena de fuerza se disipa tras la frívola conversación de después del culto. Así se arrebata la buena semilla.

Adormece al incrédulo en una falsa impresión de paz. «Cuando el hombre fuerte armado guarda su palacio, en paz está lo que posee» (Lc. 11:21). El contexto deja claro que es Satanás es el hombre fuerte que atonta el entendimiento de sus víctimas y les asegura que no hay nada en Dios que se deba temer y que no va a haber ningún juicio. El diablo desvía las flechas de la convicción lanzadas por el Espíritu Santo a los corazones, y dice: «Paz, paz», cuando no hay ninguna paz.

Pone trampas a los incautos. «... por si quizá Dios les conceda que se arrepientan para conocer la verdad, y escapen del lazo del diablo, en que están cautivos a voluntad de él» (2 Ti. 2:25, 26). El diablo es un maestro de la sutileza y un experto en ocultar sus trampas. Es un cazador demasiado listo como para poner los lazos a la vista de sus víctimas.

Se aprovecha de los hombres ocultando su verdadero y maligno propósito, *haciéndose pasar por ángel de luz*. «Porque éstos son falsos apóstoles, obreros fraudulentos, que se disfrazan como apóstoles de Cristo. Y no es maravilla, porque el mismo Satanás se disfraza como ángel de luz» (2 Co. 11:13, 14). Es mucho más probable que se salga con la suya cuando tienta a ciertas personas apareciéndose como benefactor que apareciéndose como un diablo rastrero o como un león rugiente.

Engaña a aquellos cuyos entendimientos no están firmes en la Palabra verdadera. «... la serpiente antigua, que se llama diablo y Satanás, el cual engaña al mundo entero...» (Ap. 12:9). Su engaño dio resultado con Eva. «... la mujer, siendo engañada, incurrió en transgresión» (1 Ti. 2:14), porque albergó dudas que Satanás había introducido en su pensamiento en relación con la veracidad de la palabra de Dios en vez de rechazar inmediatamente esas insinuaciones desleales. Satanás sigue actuando incesantemente para lograr engañar a los hombres respecto a la integridad y la autoridad de la palabra de Dios. Esta es la mira de las mayores controversias teológicas de nuestros días.

Mezcla la verdad con el error. «Pero mientras dormían los hombres, vino su enemigo y sembró cizaña entre el trigo y ... él [el amo de las tierras] les dijo: Un enemigo ha hecho esto...» (Mt. 13:25, 28). Su estrategia consiste en incluir verdad suficiente en sus enseñanzas como para hacer aparecer el error como algo creíble y apetitoso; ese es el gran atractivo y el gran peligro de muchas sectas en boga en nuestros días. Pero esa introducción del error parece tan buena y verdadera que no resulta obvia. Para conseguir sus fines, Satanás cita o tergiversa las Escrituras, según sirva mejor a su propósito. Es muy hábil en ello. Utiliza un lenguaje ortodoxo, y también le da a las viejas palabras empleadas un nuevo contenido heterodoxo. Eso es especialmente cierto en los círculos teológicos, donde las palabras con doble sentido confunden las discusiones y encubren el error.

Las sectas y satanás

En su inimitable libro *Cartas a un diablo novato,* C. S. Lewis escribió:

> Existen dos errores iguales y a la vez opuestos en los que nuestra raza puede caer respecto a los diablos. Uno es no creer en su existencia. El otro consiste en creer y tener un excesivo y enfermizo interés por ellos.[2]

En este primer error es en el que han caído muchas de las sectas modernas, seducidas por nuestro astuto adversario. Sin que ni siquiera se tenga en cuenta la Biblia, se rechaza categóricamente la existencia del diablo. Veamos algunas de las afirmaciones de unas cuantas sectas, afirmaciones que deberían ponernos en guardia.

Teosofía: el diablo personal no existe. Aquello a lo que místicamente se ha llamado diablo no es sino la negación y lo opuesto a Dios. No se debe confundir al diablo con Satanás, aunque a veces las Escrituras hablan de ellos como si fuesen lo mismo. En dichos casos, las Escrituras nos muestran la creencia popular.

La Escuela unida de la cristiandad [*Unity*]: el diablo personal no existe.

Espiritismo: el diablo no existe ni tampoco los espíritus malignos. Todos los espiritistas sabios saben que no hay un diablo al que temer. Todos los espíritus del más allá no son sino las almas de los que han vivido aquí.

Ciencia Cristiana: el diablo es una mentira, es la creencia en el pecado, la enfermedad y la muerte. La suposición de que existen espíritus del bien y del mal es errónea. La Ciencia Cristiana enseña que «el maligno» sólo es un nombre más dicho de la primera mentira y de todos los mentirosos.

Cristiadelfianismo: el diablo no es el agente personal y sobrenatural del mal; de hecho, tal ser no existe. El diablo es la manifestación que hacen las Escrituras del pecado de la carne en todas sus fases y manifestaciones, ...

siguiendo el estilo metafórico según el cual la sabiduría es una mujer, las riquezas mamón y Satanás el dios de este mundo.

La corrupción de la sociedad humana es también uno de los elementos de la estrategia satánica. Dios expresa claramente su orden para la naturaleza humana así:

> Sométase toda persona a las autoridades superiores; porque no hay autoridad sino de parte de Dios, y las que hay, por Dios han sido establecidas. De modo que quien se opone a la autoridad, a lo establecido por Dios resiste; y los que resisten, acarrean condenación para sí mismos (Ro. 13:1, 2).

El diablo, en su intento de poner en duda la autoridad de Dios y de echar abajo la estructura de una sociedad temerosa de Dios, incita a los hombres a la anarquía y a la permisividad. En nuestros días, es posible que dichas tendencias hayan alcanzado su punto álgido. Nunca antes en la historia de los hombres ha alcanzado la anarquía unas proporciones tan universales y que comprendan todas las capas sociales. Da la impresión de que hoy ya podemos ver el cumplimiento de Apocalipsis 12:12: «… ¡Ay de los moradores de la tierra y del mar! porque el diablo ha descendido a vosotros con gran ira, sabiendo que tiene poco tiempo.»

La nueva era de permisividad le ha preparado el camino a la corrupción moral a gran escala, hasta el punto de que a sus propios defensores les repugna su propia degeneración. El aumento mundial del uso de drogas y el alarmante incremento de la adición al alcohol forman parte de la estrategia satánica de esclavizar a los hombres en sus propias pasiones.

Si Pablo hubiera vivido en nuestros días, no podría describir la situación actual con mayor precisión de como lo hizo en 2 Timoteo 3:1-5.

> También debes saber esto: que en los postreros días vendrán tiempos peligrosos. Porque habrá hombres amadores de sí mismos, avaros, vanagloriosos, soberbios, blasfemos, desobedientes a los padres, ingratos, impíos, sin afecto natural, implacables, calumniadores, intemperantes, crueles, aborrecedores de lo bueno, traidores, impetuosos, infatuados, amadores de los deleites más que de Dios, que tendrán apariencia de piedad, pero negarán la eficacia de ella....

La actitud de la gente hacia la ley y su aplicación es una prueba de hasta qué punto ha triunfado la estrategia de Satanás. Hoy en día se tiene más simpatía al criminal que a la víctima. El encargado de aplicar la ley normalmente busca en vano el apoyo de aquéllos a los que protege.

La idolatría y el diablo

Entre los pueblos paganos de la tierra, el diablo tiene un dominio casi indiscutible. Y su intención es que las cosas continúen así.

Mildred Cable ha definido el paganismo como

> la condición de aquellos hombres y mujeres cuya adoración no está dirigida hacia Dios sino hacia Satanás, cuyas mentes Satanás oscurece.... Su desarrollo se ha detenido y sus almas están sepultadas.... Tras el monstruoso ídolo se oculta el ser al que va dirigida toda la idolátrica adoración. Y tras el contemplativo Buda se alza el príncipe cuya única intención es desviar la reverencia de Aquel que es el único digno de recibirla, Dios Padre, Todopoderoso, creador del cielo y de la tierra.[3]

Los ídolos y deidades paganos no son sólo inventos de la imaginación. El paganismo se apoya sobre una base espiritualista. Según las enseñanzas del Nuevo Testamento, los dioses paganos como Apolo, Afrodita y Diana no eran simples personificaciones de los poderes de la naturaleza, sino que detrás de ellos había fuerzas demoníacas reales.

Es cierto que la parte física del ídolo no es nada en sí misma y está desprovista de poder. Sin embargo, los demonios que están detrás, a los que los pueblos paganos dirigen conscientemente su adoración, son algo muy real y poderoso. Pablo no quiso que los Corintios tuvieran ninguna duda al respecto:

> ¿Qué digo, pues? ¿Que el ídolo es algo, o que sea algo lo que se sacrifica a los ídolos? Antes digo que *lo que los gentiles sacrifican, a los demonios lo sacrifican, y no a Dios;* y no quiero que vosotros os hagáis partícipes con los demonios (1 Co. 10:19, 20, cursivas añadidas).

Para aquel que acepta el testimonio de las Escrituras, esas palabras no podrían ser más claras.

Pablo, estando convencido del peligro que conlleva el contacto con los espíritus malignos, exhortó a los creyentes a que se alejaran de la idolatría. Aquellos que adorasen o comiesen de lo ofrecido a los ídolos se ponían a sí mismos a merced del poder satánico. Detrás de cada ídolo se oculta un demonio. Aun así, algunos autores cristianos elogian a los hindúes por su sublime «consciencia oriental de Dios», a pesar de que adoran a miles de deidades, detrás de las cuales se oculta su director: Satanás. La palabra *demonios* se emplea para referirse a objetos de culto; y, respecto a la idolatría, debemos reconocer la influencia oculta de los demonios, los cuales están bajo el control de Satanás (Ap. 16:14).

Los cananeos fueron expulsados de Canaán a causa de su idolatría y del libertinaje en el que vivían.

La expulsión o exterminación de los cananeos ordenada por Dios ha sido desde mucho tiempo un escollo para aquellos que no tienen las Escrituras como autoridad suprema. ¿Por qué ordenó Dios algo tan intransigente? La religión de los cananeos estaba llena de avanzadas formas de depravación espiritual, que a su vez conducían a la corrupción moral. Su idolatría y corrupción había empezado a infectar el pueblo escogido de Dios y estaba a punto de frustrar el propósito de bendición para el mundo entero, el cual Dios había previsto llevar a cabo a través de su pueblo.

En Deuteronomio 32:15-17 se nos explica de qué manera empezaba a actuar este contagio en Israel: «... abandonó al Dios que lo hizo ... le despertaron a celos con los dioses ajenos; lo provocaron a ira con abominaciones. *Sacrificaron a los demonios*, y no a Dios...» [cursivas añadidas].

A Israel se le había avisado de este peligro: «En ninguna de estas cosas os amancillaréis; pues en todas estas cosas se han corrompido las naciones que yo echo de delante de vosotros» (Lv. 18:24). Y nuevamente: «... por estas abominaciones Jehová tu Dios echa estas naciones de delante de ti» (Dt. 18:12). ¿Cuáles eran esas prácticas abominables? Quemar en ofrenda a hijos e hijas, predecir el futuro, adivinación, hechicería, espiritismo, necromancia, etc.

Sus grandes diosas, Asera, Astarté y Anat eran las violentas diosas del sexo y de la guerra, y su idolatría les involucraba en un increíble libertinaje y crueldad.

Al considerar este tema, no deberíamos olvidar que a los cananeos no se les obligó a quedarse en Palestina para matarlos; tenían la posibilidad de huir. Muchos de ellos huyeron y fundaron colonias florecientes a orillas del Mediterráneo.

Lejos de ser un acto de crueldad, el mandamiento divino de expulsar o destruir a los cananeos fue un acto de misericordiosa prudente, en interés de toda la raza humana. Fue un acto de cirugía moral. Echarlos de Palestina era esencial para preservar a Israel de la influencia contaminante de la idolatría y del mal que ésta suponía.

Ningún paciente afectado de cáncer al que se haya extraído un tumor maligno para preservar el tejido sano de la infección acusaría a quien le ha curado de crueldad por haber extirpado algo que le hubiera conducido inevitablemente a la muerte. Dios exterminó a los cananeos para que no corrompieran irremediablemente a los israelitas e infectaran a toda la humanidad con su virus maligno. ¿Acaso no fue el diluvio un acto parecido de cirugía moral?

La estrategia utilizada con los creyentes

El diablo dirige su oposición más virulenta en contra del cuerpo de Cristo. Su firme propósito es *aniquilar a la iglesia o neutralizar su testimonio*. Ya que la resurrección ha alejado a Cristo para siempre de su alcance, la única manera que tiene ahora de atacarle es a través de «la iglesia, la cual es su cuerpo» (Ef. 5:23).

No tardó mucho tiempo en dejarse notar después de la institución de la iglesia en Pentecostés. Satanás lanzó su primer ataque *desde dentro* de la iglesia que acababa de nacer. Ananías y Safira, después de que Bernabé diese lo obtenido por la venta de la heredad, conspiraron juntos para mentir «al Espíritu Santo». El relato es suficientemente detallado para revelar la procedencia de la tentación a causa de la cual vino el castigo, y también la influencia satánica que la inspiró. «*¿Por qué llenó Satanás tu corazón* para que mintieses al Espíritu Santo, y sustrajeses del precio de la heredad?» (Hch. 5:1-6). Ya en el principio mismo de la dispensación del Espíritu Santo, Dios reclamó su autoridad sobre la Iglesia e intervino mediante un castigo curativo cuando el disimulo y el engaño amenazaban con echar abajo dicho cuerpo.

Sustraer del precio es aquí la frase de la operación. Satanás siempre está a nuestro lado para inducirnos a conformarnos con menos del sometimiento total a Cristo. Puede que incluso nos anime entregarle *mucho*, pero se preocupa y actúa desesperadamente cuando el alma está a punto de entregarle *todo* a Cristo. La persona que ha puesto bajo el dominio de Cristo toda área de su vida es la que representa una seria amenaza para el reino de Satanás.

Cuando el creyente alcanza la posición de total sometimiento al señorío de Cristo y Satanás ve que está decidido a seguir al Señor sea cual fuere el precio, se pone en movimiento para *desviarle del camino de la cruz*. Entre las invariables condiciones de Cristo para el discipulado se encuentra esta: «El que no lleva su cruz y viene en pos de mí, no puede ser mi discípulo» (Lc. 14:27). Lo que Satanás pretende es impedir este firme propósito.

Cuando Jesús compartió con sus incrédulos discípulos la certeza de que iba a morir, el impetuoso Pedro, sin duda lleno de amor y lealtad verdaderos, «comenzó a reconvenirle, diciendo: Señor, ten compasión de ti; en ninguna manera esto te acontezca. Pero él, volviéndose, dijo a Pedro: ¡Quítate de delante de mí, Satanás!; me eres tropiezo, porque no pones la mira en las cosas de Dios, sino en las de los hombres» (Mt. 16:22-24).

Satanás usa a nuestros propios y bienintencionados amigos y familiares para que se unan a nuestra carne débil en un intento de desviarnos, para que así no vayamos detrás de Cristo con nuestra propia cruz.

Persecución y popularidad

El siguiente asalto del adversario sobre la iglesia recién nacida vino *desde afuera*, en forma de *despiadada persecución*. Los mensajeros del evangelio fueron amenazados, arrestados, encarcelados, apedreados, azotados, torturados y muertos a causa de su fiel testimonio de Cristo. Los sucesivos emperadores romanos persiguieron sin tregua a las comunidades cristianas, que eran respetuosas de las leyes. Sin embargo, al igual que los israelitas, cuanto más se les perseguía, más aumentaban.

Cuando Satanás vio que esta estrategia no había sido capaz de detener el progresivo crecimiento de la Iglesia, cambió de táctica e intentó suavizar su testimonio *consintiéndole una gran popularidad*. En esto tuvo más éxito. Dicha popularidad, que alcanzó su punto máximo durante el reino del emperador Constantino, debilitó grandemente a la Iglesia.

A través de los siglos, Satanás ha probado todas las variaciones posibles de esos métodos de ataque, y a menudo ha conseguido tristemente sus objetivos. Sin embargo, excepto en algunas situaciones locales, no ha sido capaz de aniquilar la Iglesia. Esto no nos debería sorprender, ya que, en la primera mención de su Iglesia Jesús puso de relieve su invencibilidad, no su debilidad: «Sobre esta roca edificaré mi iglesia; y las puertas del Hades no prevalecerán contra ella» (Mt. 16:18).

De la misma manera que el diablo intentó vez tras vez, mediante sutiles insinuaciones y cautivadoras tentaciones, desviar a Jesús del camino de la cruz, hoy pretende apartar al discípulo para que no siga a su Señor por ese mismo camino.

Tácticas divisorias

Si Satanás no puede destruir a la Iglesia hace lo posible por desacreditarla. Y ha encontrado muchas maneras de frustrar el propósito de Dios a través de la Iglesia. Una de sus técnicas más efectivas es *afectar la unidad de la iglesia dando lugar a diferencias y divisiones*. A los creyentes se les exhorta a «guardar la unidad del Espíritu» (Ef. 4:3); es decir, la unidad que el Espíritu ha creado. Queda implícito el hecho de que la unidad de la Iglesia está sujeta a continuos ataques. Satanás empezó a utilizar este método al principio de la era cristiana y le ha sacado partido desde entonces.

Su modo de actuar es aprovecharse de los prejuicios, ambiciones y celos de los miembros de la Iglesia. Fomenta un espíritu de intolerancia y sospecha que rompe los lazos de la mutua confianza. Crea grupos y facciones dentro de las iglesias para fragmentarlas y anular su testimonio. Pocas actitudes le favorecen tanto como un espíritu crítico. Los malentendidos se producen enseguida cuando se alberga un espíritu reprobador. A Satanás se le concede así una enorme ventaja, ventaja que no tarda en aprovechar.

A menudo se reserva este tipo de ataque para aquellos

a los que no puede engañar acerca de las enseñanzas de la Palabra de Dios, o para aquellos a los que no puede desviar de hacer la voluntad de Dios. A éstos les hace ser tan ardientes defensores de la verdad o de su interpretación particular de la verdad que olvidan la indulgencia y la cortesía cristianas y ceden el lugar a la intolerancia, la sospecha y la crítica mordaz. El campo de batalla deja de ser la doctrina y pasa a ser las personalidades.

En el terreno de las misiones, Satanás provoca divisiones entre los misioneros y los diferentes grupos de misiones y crea pequeños grupos disidentes que no pueden o no quieren colaborar con otros grupos evangélicos. Al finalizar la Segunda Guerra Mundial, en Japón sólo quedaban 200 misioneros para un total de cien millones de japoneses. A los pocos años ya había más de 150 *grupos* misioneros diferentes, la mayoría de ellos evangélicos, si bien muchos de ellos realizaban su labor de forma aislada. Este hecho confundía grandemente a los japoneses. La innecesaria fragmentación le proporciona a nuestro adversario una gran satisfacción.

Otra artimaña de las suyas es la *corrupción de la iglesia a causa de la apostasía y la herejía*. Cuando aún hacía muy poco que la Iglesia había nacido, el diablo empezó a infiltrarse en ella a través de emisarios que promulgaban falsas doctrinas, especialmente respecto a la persona de Cristo. Pedro habló de ello de la siguiente manera:

> Pero hubo también falsos profetas entre el pueblo, como habrá entre vosotros falsos maestros, que introducirán encubiertamente herejías destructoras, y aun negarán al Señor que los rescató, … por causa de los cuales el camino de la verdad será blasfemado (2 P. 2:1, 2).

Pablo dejó clara la procedencia de esa apostasía: «Pero el Espíritu dice claramente que en los postreros tiempos algunos apostatarán de la fe, *escuchando a espíritus engañadores y a doctrinas de demonios*» (1 Ti. 4:1, cursivas añadidas). ¿Qué es lo que se quiere dar a entender con «doctrinas de demonios»?

Doctrinas de demonios

En ninguna otra esfera están tan activos Satanás y sus siervos como en la teológica. Satanás conoce muy bien el poder liberador e iluminador de la verdad de Dios. Por ello intenta destruir la confianza del hombre en la Palabra de Dios y adulterar su verdad.

Pablo tenía bien claro este hecho al decir: «Pero el Espíritu dice claramente que en los postreros tiempos algunos apostatarán de la fe, escuchando a espíritus engañadores y a doctrinas de demonios» (1 Ti. 4:1). La apostasía predicha por Pablo es la obra directa de los espíritus engañadores que actúan a través de maestros hipócritas. *Doctrinas de demonios* significa doctrinas enseñadas por demonios, ¡algo en que pensar!

En la iglesia de Tiatira había personas que no habían aprendido de las profundidades de Dios sino de «las profundidades de Satanás» (Ap. 2:24). En la actualidad encontramos a los mismos espíritus obrando en teólogos y predicadores, utilizando una terminología ortodoxa para inculcar doctrinas heterodoxas. El énfasis doctrinal del diablo es constante. Ataca doctrinas esenciales. Echa abajo la inspiración y la autoridad de las Escrituras. Niega que Cristo haya venido físicamente. Ataca la unicidad y la deidad de Cristo. Le quita a su muerte el elemento substitutorio. Enseña que la resurrección de Cristo fue únicamente espiritual, signifique lo que signifique. Rebate la personalidad del Espíritu Santo, quien pone de manifiesto su abyecta obra, ya que fue el Espíritu Santo quien reveló la intervención de Satanás en la mentira de Ananías. No hay por qué temer al Espíritu Santo si es tan solo una influencia.

Pedro también puso de relieve la estrategia satánica en el ámbito de la doctrina:

> … habrá entre vosotros falsos maestros, que introducirán encubiertamente herejías destructoras, y aun negarán al Señor que los rescató, … por causa de los cuales el camino de la verdad será blasfemado, y por avaricia harán mercadería de vosotros con palabras fingidas. … (2 P. 2:1-3).

Satanás en el púlpito

Cuando predicaba sobre los métodos utilizados por el diablo para alcanzar lo que ambiciona, Donald G. Barnhouse dijo que una de las ardides más sencillas y la vez más difíciles de detectar de Satanás es que a él también se le «ordena» y también predica desde los púlpitos cristianos. En apoyo a esta afirmación, el doctor Barnhouse citó la siguiente porción de las Escrituras:

> Porque éstos son falsos apóstoles, obreros fraudulentos, que se disfrazan como apóstoles de Cristo. Y no es maravilla, porque el mismo Satanás se disfraza como ángel de luz. Así que, no es extraño si también sus ministros se disfrazan como ministros de justicia; cuyo fin será conforme a sus obras (2 Co. 11:13-15).[4]

Pocos discutirían el hecho de que en miles de púlpitos de todo el mundo se predican cada domingo, y en nombre del cristianismo, mensajes que niegan las doctrinas centrales de la fe cristiana. Ya ha pasado mucho tiempo desde que personas así reconocían honestamente que eran ateas y se iban de la iglesia. En nuestros días, incluso los teólogos del «Dios ha muerto» han sido alabados por muchas iglesias, ministros, y profesores de teología como anunciadores de una nueva luz. Y aún se les otorgan grandes honores en los círculos teológicos.

Cuando Satanás es capaz de engañar hasta tal punto a los ministros del evangelio que éstos predican desde sus púlpitos cristianos los errores que él mismo ha engendrado, es porque ha ganado una destacada batalla.

El testimonio de la Iglesia sufre entonces un cortocircuito y sus alegatos quedan justamente expuestos ante el cínico desdén del mundo.

Satanás hace todo lo que su poder le permite para obstaculizar la restauración de un cristiano que ha fallado en la vida y en el servicio. Podemos verlo ilustrado en Zacarías 3.

Después del regreso del exilio babilónico, Dios le concedió a Zacarías una visión simbólica. Vio cómo Josué, el sumo sacerdote, retomaba sus deberes sagrados en el ya restaurado templo. La ceremonia era representativa, puesto que su función era representar a toda la nación delante de Dios.

Al parecer, en el cielo tenía lugar un juicio. Josué estaba en el banquillo de los acusados. A su derecha estaba Satanás, el adversario, «para acusarle». Consternado, Zacarías contempló que Josué iba vestido con vestiduras sucias. Según la ley mosaica, este hecho le incapacitaba totalmente —a él y a toda la nación— no sólo para estar en comunión con Dios, sino también para el sagrado ministerio que se le había encargado.

> Me mostró al sumo sacerdote Josué, el cual estaba delante del ángel de Jehová, y Satanás estaba a su mano derecha, para acusarle. Y dijo Jehová a Satanás: Jehová te reprenda, oh Satanás… (Zac. 3:1, 2).

Josué no tenía respuesta para las acusaciones que Satanás iba dirigiéndole. Tampoco tenía respuesta la nación, ya que la referencia a Jerusalén (v. 2) indica que las acusaciones del adversario incluían a toda la nación. El propósito de Dios era quitar de Josué las vestiduras sucias y vestirle con ropas de gala. Sin embargo, Satanás siempre prefiere ver al creyente vestido con ropas manchadas, porque de esa manera es incapaz de causar daños al reino de las tinieblas.

Fijémonos en que si bien ni Josué ni su pueblo tenían

respuesta a las acusaciones de Satanás —porque sabían que eran demasiado ciertas—, el Juez mismo intervino, refutó las acusaciones y reprendió al acusador. Satanás siempre se deleita cuando ve a un santo incapacitado a causa de la suciedad. Sin embargo, nuestro abogado se deleita en quitarnos las vestiduras sucias y cambiarlas por las ropas de su propia justicia y en dar a sus hijos una nueva oportunidad de servicio, tal y como hizo con Josué.

> Así dice Jehová de los ejércitos: Si anduvieres por mis caminos, y si guardares mi ordenanza, también tú gobernarás mi casa, también guardarás mis atrios, y entre éstos que aquí están te daré lugar (Zac. 3:7).

Satanás también utiliza las inquietudes y presiones del servicio espiritual para erosionar la vida devocional del creyente y así hacerle espiritualmente impotente. Además fomenta las prioridades secundarias para que ocupen el lugar de las primeras y así disminuir la eficacia. «Pero los afanes de este siglo, y el engaño de las riquezas, y las codicias de otras cosas, entran y ahogan la palabra, y se hace infructuosa» (Mr. 4:19).

Los apóstoles se enfrentaron al problema, muy al principio de su ministerio, de las prioridades desordenadas. Con el aumento de las conversiones, las legítimas responsabilidades sociales de la Iglesia empezaron a desplazar a los ministerios espirituales, mucho más importantes. Los apóstoles fueron suficientemente perspicaces para darse cuenta de esta desviación satánica incipiente y dieron a conocer su determinación de poner lo principal en su sitio.

> ... No es justo que nosotros dejemos la palabra de Dios, para servir a las mesas. Buscad, pues, hermanos, de entre vosotros a siete varones de buen testimonio, llenos del Espíritu Santo y de sabiduría, a quienes encarguemos de este trabajo. Y *nosotros persistiremos en*

> *la oración y en el ministerio de la palabra* (Hch. 6:2-4, cursivas añadidas).

El obrero cristiano siempre estará sujeto a presiones, por parte del adversario, para hacerle que permita a su relación horizontal con los demás humanos estar por encima de su relación vertical con Dios; y desde luego, para que aquella suplante a ésta. Eso es exactamente lo que está ocurriendo a escala mundial en la actualidad como consecuencia del énfasis del movimiento ecuménico. No es que las Escrituras no autoricen la obra social, sino que algunos líderes de iglesias le conceden una prioridad que no viene dada por las Escrituras. Y, mientras tanto, hay millones de millones de almas que languidecen «sin Dios y sin esperanza en el mundo».

Obstáculos a la obra misionera

Para impedir la expansión del dominio de Cristo, el diablo concentra poderosas fuerzas que obstaculizan la empresa misionera. Nada más empezar los dos primeros misioneros su trascendental cometido se encontraron con una oposición inspirada por Satanás de parte de Elimas, un mago que les presentó resistencia. Con un discernimiento proveniente del Espíritu Santo, Pablo vio que detrás de Elimas estaba el maligno, quien había inspirado su oposición, y le reprendió tajantemente de la siguiente manera:

> … Pablo, lleno del Espíritu Santo, fijando en él los ojos, dijo: … ¡hijo del diablo, enemigo de toda justicia! ¿No cesarás de trastornar los caminos rectos del Señor? (Hch. 13:9, 10).

Pablo también atribuyó el ver sus planes de visitar a los cristianos tesalonicenses frustrados en repetidas ocasiones a la actividad satánica. «Pero nosotros … procuramos con mucho deseo ver vuestro rostro; por lo cual quisimos ir a vosotros, yo Pablo ciertamente una y otra vez; pero Satanás nos estorbó» (1 Ts. 2:17, 18). No podemos atribuir todos los obstáculos que hay en nuestro camino a la actividad satánica; pero Pablo sí discernió la mano del diablo en aquellos intentos frustrados de construir la Iglesia.

El adversario tiene muchas flechas en su funda, como demuestra la historia de los misioneros. Ataca a los recién convertidos con una ferocidad increíble, sobre todo cuando han roto con su vieja manera de vivir a través del bautismo. Impone una adoración falsa, como sucedió con la iglesia primitiva, cuando todos se enfrentaban con la alternativa de participar en la adoración al emperador o sufrir terribles consecuencias, incluso la muerte. En Japón, ya en nuestros días, durante la Segunda Guerra Mundial, la adoración de los lugares santos era obligatoria, y el castigo por no someterse era severo.

Hace que los habitantes de las tierras paganas sientan antipatía y se opongan a los mensajeros del evangelio y procura asegurarse de que los expulsen del país. El movimiento «misioneros, a casa», además de ser en parte la consecuencia de muchas actitudes erróneas de parte de los misioneros, fue el resultado de la actividad de Satanás.

Provoca apatía respecto al compromiso misionero de las iglesias con los países receptores y seca las fuentes de la generosidad cristiana.

Aleja a los cristianos jóvenes del compromiso con la obra misionera al propagar conceptos falsos sobre la vocación misionera.

Presiona a los misioneros a llevar una actividad tan febril que les hace acabar agotados en cuerpo y espíritu.

¿Podemos decir que «no ignoramos sus maquinaciones»?

8

LA ARMADURA DIVINA

Esta armadura no es como uno de esos trajes anticuados a los que solemos echar un vistazo en la Torre de Londres o en cualquier otro lugar; es para usarla ahora, y nunca ninguna la ha podido superar. Las armas modernas se vuelven obsoletas al cabo de los años, pero esta armadura nunca envejece. Dios no nos dice que la contemplemos, que la admiremos, sino que nos la pongamos, ya que una armadura no tiene ninguna utilidad hasta que uno no se la pone.[1]

—F. C. Jennings

La armadura completa de Dios

Soldados de Cristo, levantaos,
Y poneos la armadura,
Firmes en la fuerza que Dios da
A través de su Hijo eterno;
Firmes en el Señor de los Ejércitos,
Y en su gran poder,
Quien confía en la fuerza de Jesús
Es más que vencedor.

Carlos Wesley recogió en este himno la verdad que Pablo nos estaba enseñando en Efesios 6:10-18. Pablo exhorta al cristiano, antes de que se vista de la armadura de Dios, a que se deje fortalecer *en el Señor* y en el poder de *su* fuerza. Da por sentado que los creyentes no poseen ningún poder propio con el que vencer los incesantes ataques del maligno. De poco sirve tener una armadura resistente por fuera si por dentro somos débiles. Tenemos que experimentar el divino fortalecimiento y a la vez ponernos la armadura divina, como continúa diciendo Wesley:

> Estad firmes, pues, en su gran poder,
> Revestidos de toda su fuerza;
> Y tomad, para equiparos para la lucha,
> La armadura de Dios.

Vemos cuatro cosas acerca de esta armadura, o panoplia. En primer lugar, lo que nos ponemos no es nuestra armadura sino la *de Dios*. Nosotros no tenemos nada propio que nos garantice verdadera protección y victoria frente a nuestro astuto adversario. Las armas de nuestro propio arsenal son tristemente inofensivas. Sólo lo que Dios nos da sirve. Y Dios nos lo da libremente, pero somos nosotros quienes debemos tomarlo y usarlo.

En segundo lugar, la armadura sólo vale cuando nos enfrentamos con *un enemigo externo*. No tiene ningún poder y es totalmente ineficaz cuando nos las vemos con la carne, ese enemigo que se encuentra dentro de la ciudadela del alma humana. La única manera de enfrentarse a la carne es mortificándola, considerando que está muerta.

En tercer lugar, Dios no nos ha provisto de ninguna armadura para la espalda, ya que espera que los soldados de su ejército estén a la ofensiva. Dios no nos exhorta a darnos la vuelta y huir de delante del enemigo cuando la batalla se pone difícil.

Por último, necesitamos *toda* la armadura de Dios. Si nos vestimos con todas las piezas menos una, es como si dejásemos un tendón de Aquiles, una parte vulnerable que permitirá que Satanás gane el asalto y nos cause la derrota.

¿De qué sirve que una puerta defienda si otra deja entrar al enemigo? En Gálatas 3:27 aprendemos que el ponernos la armadura de Dios equivale nada menos que a revestirnos de Cristo. El himno de Wesley ya nos advierte de ello:

> No dejéis ningún lugar sin vigilar,
> Ninguna debilidad del alma.
> Tomad cada virtud, cada gracia,
> Y fortificadlo todo.

Pablo también hizo hincapié en que el conflicto en que nos hallamos inmersos es de naturaleza *espiritual*.

> Porque no tenemos lucha contra sangre y carne, sino contra principados, contra potestades, contra los gobernadores de las tinieblas de este siglo, contra *huestes espirituales de maldad* en las regiones celestes (Ef. 6:12 [cursivas añadidas]).

El soldado cristiano debe estar alerta para poder ver detrás de sus adversarios de carne y sangre los espíritus malignos que los controlan. Detrás del hombre hay grandes y sutiles poderes demoníacos ante los cuales debe mantenerse firme.

> Para que, cuando ya todo esté hecho,
> Y todos vuestros conflictos pasados,
> Podáis vencer sólo a través de Cristo
> Y estar, por fin, completos.

Las piezas de la armadura

El cinturón de la verdad

La primera de las piezas de la armadura con la que nos tenemos que ceñir es el *cinturón de la verdad*. Pablo sigue el orden natural en que un soldado se colocaría la armadura. Al cinturón se le enganchaban las demás piezas de la armadura; era lo que las mantenía en su sitio. El cinturón unía todo el equipo del soldado. De él pendía la espada. No sólo garantizaba la libertad de movimiento durante la lucha, sino que también protegía los lomos del soldado.

La *verdad* es el factor unificador y fortalecedor de la vida y las experiencias del soldado cristiano. ¿Acaso no lanzó Satanás su primer ataque contra la humanidad en el terreno de la verdad? ¿No puso en duda la veracidad de Dios? «¿Con que Dios os ha dicho: No comáis de todo el árbol del huerto?» —preguntó.

> Y la mujer respondió a la serpiente: … dijo Dios: No comeréis de él ni le tocaréis, para que no muráis. Entonces la serpiente dijo a la mujer: No moriréis (Gn. 3:2, 4).

Debemos estar preparados para cuando el padre de mentira nos ataque en esa área de nuestras vidas. Nos tentará para hacernos caer en la hipocresía y la falta de sinceridad, incitándonos a que permitamos las mentiras o las medias verdades. Nuestra única seguridad radica en que toda nuestra vida esté rodeada y cautivada por la verdad de Dios. Para conseguir este fin, tenemos que empaparnos de las grandes verdades de la santidad de Dios, de su justicia, amor, poder y fidelidad inquebrantables.

¿Estoy preparado para entrar en la batalla espiritual? ¿Encuentra Dios la «verdad en mi interior»? ¿Es sincero mi corazón, libre de engaño e hipocresía? Lo que nos prepara para la batalla es la verdad de Dios aplicada a nuestro corazón y a nuestra vida.

La coraza

La coraza de justicia se debe unir al cinturón de la verdad. La función de la coraza, que cubría el cuerpo del guerrero desde el cuello hasta los muslos, era la de proteger los órganos vitales.

La justicia no aparece aquí como una cualidad abstracta, sino como una cualidad que se enmarca en una vida santa, «una conciencia limpia hacia Dios y hacia los hombres». Es la justicia de Cristo *atribuida* a nosotros. Pero es más que eso. Es la justicia de Dios que el Espíritu Santo nos ha *impartido* y ha *hecho obrar* en nosotros, dando como resultado una integridad interna de carácter. En una vida sin rectitud moral no hay posible defensa frente a las acusaciones del adversario. Sin embargo, cuando nuestros corazones no nos condenan, es porque contamos con una poderosa armadura que nos protege de sus ataques y acusaciones.

El calzado

El *calzado de los soldados* ha sido algo a lo que desde siempre se ha prestado gran atención. Un soldado que no puede caminar resulta incapacitado para la batalla. De ahí la necesidad de que tengamos los pies calzados con la provisión del evangelio de la paz. Josefo explica que las sandalias de los soldados romanos tenían una gran cantidad de tachuelas que les equipaban para hacer largas y rápidas caminatas. La imagen que aquí se nos representa es la de un soldado que está preparado para actuar rápidamente; la antítesis del letargo y la comodidad. Tenemos que hacer marchas forzadas, y para ello debemos tener el calzado apropiado.

Paradójicamente, esta rápida disposición proviene del evangelio, que solamente trae paz. ¿Qué otro mensaje aparte del evangelio trae paz en vez de preocupaciones, ansiedades y presiones? La gloria de las buenas nuevas es lo que hace que el guerrero cristiano esté preparado e impaciente para entrar en batalla con el enemigo, que aspira a destruir la paz de Dios y la de los hombres. Un corazón que esté en paz con Dios equipa al soldado para que se encuentre siempre preparado para el testimonio del evangelio, aunque sea en el confín más alejado de la tierra.

¿Muestro yo una constante disposición a compartir el evangelio de la paz con los demás?

El escudo

El *escudo* romano estaba hecho de bronce y recubierto de piel. Tenía forma rectangular y medía 4 pies x 2 pies 6 pulgadas (1,20 m x 75 cm). Servía de protección para el cuerpo entero. De manera similar, el *escudo de la fe* protege toda la persona del guerrero cristiano. Su propio nombre indica que su función es proteger de los proyectiles de fuego de la duda y de la incredulidad. A menudo, en la antigüedad, las flechas se untaban de brea. Antes de dispararlas se les prendía fuego, lo que las convertía en armas formidables. Antes de empezar la batalla, el soldado introducía en el agua su escudo recubierto de piel. La piel mojada apagaba las saetas de fuego, y el bronce que estaba debajo despuntaba y desviaba la flecha.

Asimismo, la tranquila y segura confianza en Dios extingue eficazmente los dardos de fuego del infierno cuando se abalanzan contra el escudo de nuestra fe.

El tiempo del verbo no indica un único acto de fe, sino una actitud de confianza constante en el poder de Dios de darnos la victoria. Esta actitud de fe no nos permite tomarnos unas vacaciones, ya que las tentaciones de Satanás son tan irregulares como los rayos de una tormenta. Nunca se sabe en qué zona atacará la próxima vez.

José no tenía ni idea, cuando entró en la casa de Potifar una mañana, de que estaba a punto de enfrentarse a la crisis que cambiaría por completo toda su vida. De hecho, la historia del mundo cambió por su fidelidad. Le salvó el haber cultivado el *hábito* de la fe y de la lealtad en Dios.

Pablo estaba usando el escudo de la fe cuando exclamó:

> Por lo cual estoy seguro de que ni la muerte, ni la vida, ni ángeles, ni principados, ni potestades, ni lo presente, ni lo por venir, ni lo alto, ni lo profundo, ni ninguna otra cosa creada nos podrá separar del amor de Dios, que es en Cristo Jesús Señor nuestro (Ro. 8:38, 39).

El yelmo

El yelmo de piel o de bronce servía, naturalmente, para proteger la cabeza. Se trataba, también, pues, de un arma de defensa. El *yelmo de la salvación* hace referencia, sobre todo, a la protección de la mente, de los pensamientos. Satanás dirige sus dardos de fuego hacia la cabeza, y también hacia el corazón. Una mente desprotegida e indisciplinada hace del guerrero cristiano una presa fácil de los pensamientos incrédulos o disuasorios y de otros engaños del enemigo.

El diablo lucha por el control de la mente; de ahí viene su introducción en el sistema educativo y en los medios de comunicación del mundo. Pablo sentía temor por los florecientes corintios en este aspecto: «Pero temo que como la serpiente con su astucia engañó a Eva, vuestros sentidos sean de alguna manera extraviados de la sincera fidelidad a Cristo» (2 Co. 11:3).

Démonos cuenta de que la armadura de Dios no es física, sino mental y espiritual. La mente es el lugar de trabajo de Satanás, por ello es necesario que llevemos «cautivo todo pensamiento a la obediencia a Cristo» (2 Co. 10:5). Lo que protege nuestros pensamientos es el yelmo de la salvación, la salvación experimentada y entendida. No basta tener definiciones correctas sobre qué es la salvación; los demonios poseen ese conocimiento y tiemblan. La salvación de la que habla la Palabra consiste en un hecho experimentado, presente y por el que se siente gozo.

Salvación es un concepto amplio, que abarca el pasado, el presente y el futuro. *Se nos ha salvado* de la culpa y del castigo de los pecados pasados. *Se nos salva* del poder presente del pecado. *Se nos salvará* incluso de la presencia contaminante del pecado en el futuro, cuando Cristo regrese. El conocimiento y el gozo que experimentamos de una «salvación tan grande», la seguridad de que es indudable y completa, son unos factores muy importantes en la batalla espiritual.

¿Estoy absolutamente convencido de que «puede

también salvar perpetuamente a los que por él se acercan a Dios»? (He. 7:25). Si permito que algún dardo de fuego me haga dudar de este hecho y dejo que la duda se instale en mi pensamiento, se producirá un incendio en el material inflamable de mi vieja naturaleza y se me descalificará por juego peligroso contra las fuerzas de las tinieblas.

La espada

La espada romana era corta, dura y afilada, muy adecuada para el agresivo combate cara a cara. El soldado cristiano debe *tomar*, aceptar de la mano del Oficial emisor *la espada del Espíritu*, un arma tanto ofensiva como defensiva.

A los niños se les suele enseñar este corito:

> Desenvaina la espada, usa la espada;
> la batalla, con el Señor está ganada.

La idea de este corito es clara y legítima; sin embargo, las palabras, en sí mismas, pueden llevar a cierta confusión. La Biblia no es *nuestra* espada; es *la espada del Espíritu, que es la Palabra de Dios*. Las palabras impresas de la Biblia, aparte de poderse aplicar a nuestro corazón y mente por medio del Espíritu Santo, no tienen más poder que las palabras impresas en cualquier otro libro, excepto que son la verdad sin ningún error. La Palabra de Dios proclamada en el poder del Espíritu es poderosa. No obstante, es la presencia del Espíritu en la Palabra lo que la hace una Palabra viva.

Muchos de nosotros sabemos por experiencia que es perfectamente posible que la Palabra sea proclamada por un predicador en unas condiciones totalmente ortodoxas y aun así estar desprovista del poder del Espíritu. La Palabra únicamente es poderosa y eficaz cuando la esgrime el Espíritu Santo. Esa misma Palabra, cuando se imparte simplemente a través de la sabiduría y el poder humanos, puede incluso tener como consecuencia que alguien se aparte. «… porque la letra mata, mas el Espíritu vivifica» (2 Co. 3:6). Qué dependientes, pues, deberíamos ser del Espíritu Santo en nuestro testimonio y predicación, ya que es Él quien le imparte su fuerza y la hace

> viva y eficaz, y más cortante que toda espada de dos filos; y penetra hasta partir el alma y el espíritu, las coyunturas y los tuétanos, y discierne los pensamientos y las intenciones del corazón (He. 4:12).

Se dice que los Caballeros de Cromwell luchaban con la Biblia en una mano y la espada en la otra, una buena muestra del guerrero cristiano ideal. Sólo cuando permitimos que el Espíritu santo esgrima su arma a través de nosotros nos convertimos en instrumentos para derrotar al diablo. ¿No fue éste el secreto de la victoria de Cristo, lleno de la Palabra y del Espíritu, durante las tentaciones del desierto?

Si no aprendemos a utilizar la espada del Espíritu se nos considerará prácticamente como no combatientes. ¿Soy yo, por medio del estudio y de la práctica, hábil en el uso de la espada del Espíritu?

Oración continua

La última de las piezas de la armadura de la que nos tenemos que vestir es *el arma de la oración continua*. «Orando en todo tiempo con toda oración y súplica *en el Espíritu*, y velando en ello con toda perseverancia y súplica por todos los santos» (Ef. 6:18, cursivas añadidas).

Esta última arma aporta eficacia a todas las demás, ya que las ensambla entre sí y transforma al guerrero, consciente de su debilidad, en un vencedor. Sólo podemos esperar vencer a nuestro astuto y maligno adversario mediante este tipo de oración: continua, alerta, intensa y creyente. ¿Somos expertos ya en este arte? La oración que recibe respuesta es la oración «en el espíritu», la oración pronunciada en la esfera del Espíritu y en el poder del

Espíritu. Es una oración impulsada por el Espíritu e iniciada en su mente. La oración que se origina tan sólo en los buenos deseos humanos no produce ningún daño al reino de Satanás. Es una oración desinteresada —«con toda perseverancia y súplica por todos los santos»—, una oración pronunciada desde cualquier lugar, en cualquier ocasión, para las personas de cualquier nación y situación en la vida. Es una oración *que no cesa*. Sólo así puede el soldado cristiano mantener la línea de comunicación con el divino comandante.

Cuando «qué hemos de pedir como conviene, no lo sabemos», el Espíritu está a nuestro lado para ayudarnos en nuestra debilidad, para instruirnos sobre cuál es la voluntad de Dios. El Espíritu «conforme a la voluntad de Dios intercede por los santos»; así que toda oración inspirada por el Espíritu tendrá su respuesta (Ro. 8:26, 27). ¡Esta pieza de la armadura es invencible! ¿La llevo yo?

> Cíñete la armadura de Dios,
> Y llévala noche y día.
> Escondido acecha el maligno;
> Vigila y ora.
>
> —Charlotte Elliot

9

AUTORIDAD DELEGADA

De entre los grandes privilegios que conlleva la posición exaltada del creyente, que está sentado en los lugares celestiales gracias a Cristo, sin duda el más alto es el que tiene que ver con lo que se podría llamar «autoridad delegada». El creyente ordena y se hace. El creyente, en el nombre de Jesús, ejerce una «autoridad ejecutiva»: les ordena a las montañas que se muevan y se echen al mar y, si su corazón no duda, lo hacen.

No podemos excusarnos y dejar de lado el asunto diciendo que Jesús no hablaba de montañas, que sólo se trataba de un lenguaje figurado. Desde luego, se refería a un tipo diferente de montañas; pero, al decir eso, no hemos hecho más que agravar el problema. Estas son las montañas que todos los obreros cristianos conocen; las más difíciles de mover. Puede que la ciencia se ocupe de las primeras, pero ¿quién es capaz de mover las montañas de la opresión satánica que se ciernen sobre las naciones y los pueblos de hoy? ¿Quién quitará las montañas de la maquinación satánica para que no entorpezcan a la Iglesia de Dios?[1]

—F. J. Huegel

EL GUERRERO CRISTIANO no sólo necesita una armadura exterior sino también autoridad y poder interiores. En el

Nuevo Testamento, se emplean palabras diferentes para dar la idea de «poder», como vemos en Lucas 10:19: «He aquí os doy potestad (*exousia*) de hollar serpientes y escorpiones, y sobre toda fuerza (*dunamis*) del enemigo….» La palabra griega *dunamis* da la idea de un poder *inherente*, y se distingue de *exousia*, que denota autoridad o poder *delegados*.

El maravilloso ejemplo de Jesús

Los evangelistas nunca hablan de *dunamis*, o poder inherente, en referencia al Señor, ni tampoco le describen ejerciéndolo, a pesar de que lo poseía. La única ocasión en que se emplean de Él las dos palabras es Lucas 4:36. «¿Qué palabras es esta, que con autoridad y poder manda a los espíritus inmundos, y salen?» Sin embargo, no deberíamos olvidar que se trata tan sólo de la conclusión de las personas presentes, no de una declaración de los evangelistas inspirados. Ellos siempre le atribuían a Él *exousia*, como por ejemplo en: «Toda potestad (*exousia*) me es dada en el cielo y en la tierra» (Mt. 28:18).

Este sorprendente hecho parece indicar que, aunque era el Hijo de Dios y el Hijo del Hombre, el Señor se sujetó de forma tan completa a las limitaciones de nuestra humanidad que en todas sus poderosas obras no exhibió su propio poder inherente sino que únicamente ejerció la autoridad que había recibido de su Padre. No es que no poseyera un poder infinito, sino que se abstuvo de utilizarlo.

Este hecho puede ser para nosotros de gran aliento. Cuando leemos acerca de las muchas y maravillosas obras de Cristo y acerca del poder que demostró en todos los ámbitos, tenemos tendencia a decir: «Sí, pero tenía la ventaja de ser el Hijo de Dios, con todo lo que ello implica. Yo sólo soy un débil humano. No me sirve de gran ayuda en mi batalla contra Satanás y el pecado que me digan que Él poseía un poder que yo no poseo. Él tenía recursos a su alcance que no están a mi disposición.»

Eso no es cierto. La palabra empleada en referencia a sus obras es *exousia*, autoridad que le ha sido conferida por otra Persona, y no *dunamis*, o poder inherente. El Padre había delegado en Jesús el poder que éste ejerció, y también del Padre lo recibía continuamente. Cristo no utilizó de manera independiente el soberano poder que era suyo al ser el Hijo de Dios. Realizó sus milagros del mismo modo que sus discípulos y no a través de un poder innato divino. Aunque nunca se vació de su deidad, Jesús nunca hizo uso de su poder, sino que dependió del poder del Espíritu Santo, el cual moraba en su humanidad. Recibía el poder del Padre como respuesta a su continua fe.

Así que, en vez de desanimarnos por el hecho de que era el Hijo de Dios, y como tal poseía un poder divino que no está a nuestro alcance, tenemos una importante razón para animarnos. Porque, aunque poseía ese poder, Jesús se negó a usarlo, y se contentó con ejercer ese tipo de poder únicamente cuando al Padre le placía delegarlo en Él.

Un policía de tráfico que esté de servicio no tiene mucho *poder*. Cualquier auto podría atropellarlo y matarlo en un momento. Sin embargo, tiene una considerable *autoridad*. Miles de conductores respetan la autoridad que le ha sido delegada, ya que saben que el poder del Estado le respalda. Cuando ejercemos nuestra autoridad delegada contra Satanás y las fuerzas de las tinieblas, todo el poder de Dios nos respalda. Cuando ejercemos nuestra autoridad dada por Dios, el gran *poder* de Cristo se libera y se pone a nuestra disposición.

La oración de autoridad

Dentro del ministerio de la oración pueden darse actitudes espirituales diferentes. Nuestras oraciones pueden ser la expresión de una fe tranquila y reposada, como en: «Pedid, y se os dará» (Mt. 7:7). O puede resultar la expresión de un tenso conflicto espiritual, como cuando Pablo oró por los cristianos colosenses: «Porque quiero que sepáis cuán gran lucha sostengo por vosotros...» (Col. 2:1).

También luchamos contra principados y potestades (Ef. 6:12). Este último tipo de oración es el que parece ser más ajeno, por lo general, a los cristianos de hoy.

A Jesús, este tipo de oración no le era nada extraño, y nos ha dado la siguiente gráfica representación pictórica de la realidad de la oración de batalla y de la oración de autoridad:

> Pero si yo por el Espíritu de Dios echo fuera los demonios, ciertamente ha llegado a vosotros el reino de Dios. Porque, ¿cómo puede alguno entrar en la casa del hombre fuerte, y saquear sus bienes, si primero no le ata? Y entonces podrá saquear su casa (Mt. 12:28, 29).
>
> Cuando el hombre fuerte armado guarda su palacio, en paz está lo que posee. Pero cuando viene otro más fuerte que él y le vence, le quita todas sus armas en que confiaba, y reparte el botín (Lc. 11:21, 22).

De esta manera tan aguda rebatió Jesús la absurda acusación de los fariseos, quienes decían que estaba exorcizando demonios en el nombre del príncipe de los demonios. ¡Como si el diablo fuese tan ingenuo como para destruir su propio reino! Jesús dejó claro que su expulsión de demonios demostraba su dominio sobre Satanás, no su sumisión a él.

El hombre fuerte

El hombre fuerte y bien armado guarda su palacio y sus posesiones sólo hasta que un hombre más fuerte que él le vence y se lo apropia todo. El hombre fuerte es, obviamente, el diablo, cuyo poder sobre las almas y las mentes de los hombres es grande, aunque limitado. El que es «más fuerte que él» no puede ser otro que el Cordero, a través de cuya sangre podemos vencer los poderes de las tinieblas (Ap. 12:11).

El Cordero está enfrentado en un combate a muerte contra «*el hombre fuerte*», y no descansará hasta que no lo venza, saquee su palacio y rescate a sus prisioneros. En este combate entre soberanos y reinos enemigos, el intercesor desempeña un importante papel. Sus oraciones sólo serán por completo eficaces si perciben claramente la totalidad de la victoria que Cristo obtuvo en el Calvario sobre el diablo y si saben cómo sacar partido de esa victoria.

Fue el descubrimiento del aspecto ofensivo de la oración lo que hizo que la derrota se convirtiera en victoria en la experiencia de James O. Fraser, apóstol del pueblo lisu, en el suroeste de China. Durante cinco años había trabajado con gran devoción y sacrificio, pero los resultados eran bien pocos. No sólo se desalentó en la obra, sino que casi alcanzó el punto de la desesperación en su experiencia interior. La liberación y la bendición le vinieron a través de la lectura de un artículo que aparecía en una revista que le habían enviado. Veamos a continuación su propio relato:

> Lo que me mostró fue que la liberación del poder del maligno proviene de la firme resistencia desde el territorio de la cruz. Me encontraba con que muchas de las enseñanzas espirituales que solemos escuchar no parecían funcionar. Mi percepción de otros aspectos de la verdad, de todas maneras, se había venido abajo.
>
> El lado pasivo de dejar todas las cosas en las manos del Señor Jesús como nuestra vida que es no era todo lo que necesitaba en aquel momento, a pesar de ser algo bendito y cierto.... Necesitamos diferentes aspectos de la verdad para diferentes épocas. *La firme resistencia desde el territorio de la cruz* fue lo que me abrió los ojos, ya que vi que daba resultado. Me di cuenta de que *podía* obtener la victoria en el ámbito espiritual siempre que quisiese.... Tuve que aprender paulatinamente cómo utilizar esta nueva arma de resistencia que había encontrado.[2]

A James O. Fraser, ingeniero de profesión, siempre le interesó ver las cosas en funcionamiento. Y, cuando empezó a aplicar esta verdad, tan nueva para él, se emocionó al ver que no se había equivocado. La tan esperada bendición se deslizó sobre sus amados lisu; primero poco a poco, y después como un gran torrente.

Primero atar; después saquear

Esta es la regla del Señor para la batalla. Primero debemos atar al hombre fuerte, antes de saquear sus bienes. ¿Mantenemos cuidadosamente este orden o intentamos, sin éxito, saquear su morada cuando aún está libre? Si eso es lo que sucede, no es de extrañar que nos haya vuelto a arrebatar las almas que hemos intentado liberar de sus garras. Es una experiencia terrible que ha desalentado a muchos misioneros, que han visto cómo muchas personas hacían profesión de fe, cómo daban unos cuantos pasos vacilantes hacia delante para después verles hundidos de nuevo en el torbellino del paganismo. Demasiadas de nuestras oraciones son simplemente la repetida y sincera presentación de una fervorosa petición en vez de lo que Jesús llamó «atar al hombre fuerte». Suelen ser más a menudo oraciones de esperanza que oraciones de fe, y Dios no nos ha prometido responder las oraciones de esperanza.

Pensemos en ello aplicado al Señor. Además de otros menos importantes, Jesús tuvo tres grandes encuentros con Satanás: el del desierto, el de Getsemaní y el del Calvario. Las tentaciones del desierto las pudo superar mediante el hábil uso de la espada del Espíritu. El diablo, vencido, le dejó por un tiempo. Gracias a esa victoria total, Jesús pudo afirmar con toda confianza que «viene el príncipe de este mundo, y él nada tiene en mí» (Jn. 14:30).

El siguiente encuentro crucial tuvo lugar en Getsemaní. Su lucha contra los poderes de las tinieblas fue tan intensa y angustiosa que la sangre, en vez de acudir en ayuda de su quebrantado corazón, salió por los poros. ¿Cómo triunfó sobre Satanás esta vez? Mediante la fusión de su voluntad con la voluntad del Padre. Observemos el progreso de sus oraciones:

> ... y puesto de rodillas, oró, diciendo: Padre, si quieres, pasa de mí esta copa; pero *no se haga mi voluntad, sino la tuya* (Lc. 22:41, 42 cursivas añadidas).
>
> Otra vez fue, y oró por segunda vez, diciendo: Padre mío, si no puede pasar de mí esta copa sin que yo la beba, *hágase tu voluntad* (Mt. 26:42, cursivas añadidas).

En esta segunda oración no se hace mención a su voluntad. La disminución de la voluntad humana, puesta ya de relieve en la primera oración, se ha perdido, y Jesús acepta gozoso la voluntad del Padre. Ya no hay más *mi voluntad* y *tu voluntad*, sino únicamente *tu voluntad*. Ahora ya podía exclamar con regocijo: «... la copa que el Padre me ha dado, ¿no la he de beber?» (Jn. 18:11).

Posteriormente, Satanás sufrió otra rotunda derrota de manos del hombre Cristo Jesús, que se negó a apartarse de la total aceptación de la voluntad de su Padre, a pesar de saber que significaba la muerte en una cruz. También para nosotros, la aceptación de la voluntad de Dios es el preludio esencial para la victoria.

La derrota absoluta y final del diablo se consumó en el Gólgota, donde Cristo triunfó sobre él mediante su muerte. «Y despojando a los principados y a las potestades, los exhibió públicamente, triunfando sobre ellos en la cruz» (Col. 2:15). Uno de los propósitos más importantes de su encarnación fue «para destruir por medio de la muerte al que tenía el imperio de la muerte, esto es, el diablo» (He. 2:14).

«Destruir» en este versículo conlleva la misma idea que el mandato de *atar* al hombre fuerte. Cristo ha destruido y atado al diablo y le ha quitado el poder. Como miembros de su cuerpo, podemos compartir su victoria, ya que su victoria es nuestra.

Victoria potencial y victoria real

La pregunta que ahora nos planteamos es la siguiente: ¿cómo se hace realidad y empieza a funcionar la victoria sobre Satanás en nuestra vida personal y en nuestro servicio práctico? No basta con saber que Cristo nos libró potencialmente en la cruz del poder de Satanás si éste aún sigue ejerciéndolo contra nosotros y nos mantiene esclavos del pecado. Lo potencial debe transformarse en real. Y ello es posible únicamente cuando ejercemos, personal y categóricamente, la autoridad espiritual que Cristo nos ha dado.

Cuando los setenta volvieron exultantes de su misión de testimonio, regocijándose de que hasta los demonios se les sujetaban, Jesús pronunció unas sorprendentes palabras, cuyo significado total rara vez se percibe: «Yo veía a Satanás caer del cielo como un rayo. He aquí *os doy potestad ... sobre toda fuerza del enemigo...*» (Lc. 10:18, 19, cursivas añadidas). Y nosotros no estamos en una posición menos privilegiada que la de aquellos primeros discípulos.

Con esas palabras, Jesús relacionó la autoridad delegada a sus discípulos sobre *todas* las fuerzas del enemigo —una autoridad que podían emplear en cualquier situación y en cualquier momento— con la derrota de Satanás. A medida que ejercían esa autoridad, los setenta se dieron cuenta de que funcionaba, y de que hasta los demonios se les sujetaban. «... en mi nombre [es decir, en mi autoridad] echarán fuera demonios...» (Mr. 16:17). De manera similar, mediante el uso de la autoridad de Cristo, podemos atar a Satanás, dejarle sin poder, y saquear tranquilamente su palacio.

Los demonios conocían muy bien a Jesús: «A Jesús conozco», declaró uno de los espíritus malignos (Hch. 19:15). «Sé quién eres, el Santo de Dios» (Mr. 1:24). Habían observado su vida durante treinta años, y sabían que no tenían potestad sobre Él, por lo que respetaban su autoridad. ¿Resultan efectivas nuestras oraciones para atar al hombre fuerte, o se ríe de nuestros insignificantes intentos de saquear su palacio?

Tertuliano, el padre de la iglesia primitiva, en su *Apología*, dirigida a los gobernadores del Imperio Romano, hizo la siguiente afirmación:

> Toda la autoridad y el poder que tenemos sobre ellos [los espíritus malignos] los obtenemos al pronunciar el nombre de Cristo y recordarles las aflicciones con que Dios les amenaza de la mano de Cristo, su Juez, las cuales esperan que un día se abatirán sobre ellos. Por temor a Dios en Cristo y a Cristo en Dios, se acaban sujetando a los siervos de Dios y Cristo. Así que, después de tocarles y respirar sobre ellos, sobrecogidos por los pensamientos y la certeza de ese castigo de fuego, se van, por orden nuestra, de los cuerpos en los que habían entrado, de mala gana y afligidos, y, ante nuestros propios ojos, sintiendo una clara vergüenza.[3]

¿Por qué se lamentó así el padre del chico poseído por un demonio ante la incapacidad de los discípulos: «Y lo he traído a tus discípulos, pero no le han podido sanar»? (Mt. 17:16, 20). «Por vuestra poca fe» —respondió Jesús. No tenían una fe vital en la autoridad que Él les había dado, y su incredulidad los paralizó.

Cuando nos encontremos en medio de una situación para la cual nuestro poder humano es totalmente inadecuado, lo que tenemos que hacer es, haciendo uso de la autoridad de Cristo, reclamar la victoria obtenida por Él en la cruz y mantenernos firmes en la fe hasta que la victoria se manifieste en esa situación. Eso es lo que significa pelear «la buena batalla de la fe» (1 Ti. 6:12).

Dios le enseñó esta lección a James O. Fraser cuando, con una profunda convicción originada por el Espíritu Santo, pidió en oración que más de cien familias lisu se rindieran a Cristo. Esto es lo que escribió:

> La táctica de Satanás parece ser la siguiente. Lo primero que hace es oponerse a que lleguemos a la fe, ya que ello supone una rotunda «orden de desalojo». No le importan mucho las oraciones formales y divagadoras, ya que no le hacen demasiado daño. Por ello es tan difícil alcanzar una fe firme en Dios en algún asunto concreto. Y hasta que no atravesamos todo eso y *le damos la mano a Dios* no hemos alcanzado, ni mucho menos, la verdadera fe. Sin embargo, una vez hemos alcanzado ya la *verdadera fe*, ninguna fuerza del infierno tiene ya el poder de anularnos.... La verdadera batalla empieza cuando se pronuncia la oración de fe.[4]

Al utilizar la autoridad de Cristo y participar de su victoria podemos contribuir a atar al «hombre fuerte» en cualquier situación espiritual. Sólo entonces estaremos en posición de saquear sus bienes y liberar a sus prisioneros.

> ¿Por qué habría de temer la hora oscura,
> O temblar ante el poder del tentador?
> Jesús me ha otorgado su poder.
>
> En mi contra se confabulan tierra e infierno,
> Pero de mi parte está el divino poder;
> Jesús lo es todo, y es mío.
>
> —John Newton

10

DERROTA Y DESTINO

La muerte del Señor Jesús destruyó —redujo a la nada— «al que tenía el imperio de la muerte, esto es, el diablo». La palabra «destruir» no tiene un significado parecido a aniquilación, sino más bien tiene el de convertir en inofensivo, inútil y sin valor. De esta manera, el Señor hizo de Satanás una muestra pública, e inmediatamente después demostró el hundimiento del poder de Satanás arrebatándole las llaves mediante las cuales pretendía tener cierta autoridad sobre los espíritus justos. Así, Jesús estuvo entre ellos hasta que transcurrieran tres días y tres noches, después de lo cual anunció la liberación de aquéllos a los que se había encerrado.[1]

—Donald G. Barnhouse

AUNQUE NO DEBEMOS SUBESTIMAR la terrible fuerza, poder y malignidad de nuestro adversario, hemos de tener cuidado de no caer en el error opuesto; es decir, en sobreestimarlo. El temor puede paralizarnos.

Aunque estén demonios mil
  Prontos a devorarnos,
No temeremos, porque Dios
  Sabrá aún prosperarnos.
Que muestre su vigor
  Satán y furor;

Dañarnos no podrá,
 Pues condenado está
Por la palabra santa.

—Martín Lutero
(Himno *Castillo fuerte es nuestro Dios*)

Las Escrituras no dicen en ningún lugar que Satanás tenga los divinos atributos de la omnisciencia, la omnipotencia y la omnipresencia. El hecho de que sea un ser creado implica que su poder es limitado. Un curioso predicador preguntó en una ocasión: «¿Es Satanás omnipresente? No, pero no para de moverse. ¿Está atado? Sí, pero con una cuerda un poco floja.» Afortunadamente sólo puede estar en un lugar a la vez. Cuando estaba tentando a Jesús en el desierto, el resto del mundo estaba libre de su presencia y atención *personales*. No obstante, gracias a su enorme ejército de seguidores es capaz de conseguir una «omnipresencia limitada».

También en este caso, cualquier poder o autoridad que ejerza no le es inherente, sino que proviene de Dios. «... no hay autoridad sino de parte de Dios, y las que hay, por Dios han sido establecidas» (Ro. 13:1). Y aquí también queda incluido Satanás. Cuando probó a Job, Satanás sólo pudo llegar hasta donde Dios le había permitido. Podía dañar el cuerpo de Job con una repugnante enfermedad, pero no tenía poder sobre su vida. «Y Jehová dijo a Satanás: He aquí, él está en tu mano; mas guarda su vida» (Job 2:6).

Aunque las Escrituras le reconocen como «el dios de este mundo», el diablo no es un ser supremo, y sobre él está la mano limitadora de Dios. Ni siquiera en cuestión de tentaciones tiene Satanás carta libre. «... fiel es Dios, que no os dejará ser tentados más allá de lo que podéis resistir...» (1 Co. 10:13).

En contra de lo que se suele pensar, nada en las Escrituras indica que pueda predecir el futuro de manera infalible. Como nosotros, el diablo tiene que reunir la información, si bien cuenta con la ventaja de tener unas huestes del mal muy organizadas y que a la vez son siervas muy obedientes a su llamada. «Dadnos nuevas de lo que ha de ser después, para que sepamos que vosotros sois dioses...» (Is. 41:23).

En los evangelios leemos en repetidas ocasiones que el diablo instó a los enemigos de Jesús a que le prendieran y le mataran; sin embargo, éstos fueron totalmente incapaces de hacerlo hasta que la hora del Señor hubo llegado. Estamos completamente a salvo del poder de Satanás mientras caminemos en la luz de la mano del Señor. Se nos exhorta para que no estemos «en nada intimidados» por nuestros adversarios (Fil. 1:28), ya que «mayor es el que está en vosotros, que el que está en el mundo» (1 Jn. 4:4). Nada de lo que pueda llegar a hacer puede separarnos del amor de Dios en Cristo (Ro. 8:38, 39). J. C. Jennings escribió lo siguiente:

> El Señor rodea con su escudo protector a todos aquellos que caminan en dependencia de Él. Alrededor de cada uno de ellos se encuentra la barrera que a Satanás le resultó imposible atravesar en el caso de Job, hasta que el amor divino consideró bien, incluso para Job mismo, dar ese permiso. Y ésta es una gran misericordia. Los hijos de Dios nunca tienen por qué ser angustiados por ninguno de los misteriosos fenómenos que atraen la atención hasta de los líderes humanos de nuestros días.

Así pues, podemos decir que el poder de Satanás no es inherente, sino que le ha sido delegado. No es ilimitado, sino que se le controla. No es invencible, sino que ha sido destruido (Lc. 11:21, 22). Y no es vencedor, sino que ha sido condenado (Ap. 20:2, 3).

Jesús es más fuerte que Satanás y el pecado,
Satanás se debe arrodillar ante Dios.

Por ello venzo yo, fuera y dentro;
Jesús ya me salvó.

—Autor desconocido

La derrota de Jesús sobre Satanás

Toda esperanza del creyente en salir vencedor de la batalla sin tregua en contra de Satanás y sus huestes debe estar depositada fuera de él mismo. Él no tiene recursos internos que le permitan enfrentarse y vencer a su astuto y experimentado adversario.

Nuestro valor es nada aquí,
Con él todo es perdido;
Mas por nosotros pugnará
De Dios el escogido.
Es nuestro Rey Jesús,
El que venció en la cruz;
Señor y Salvador
Y siendo Él sólo Dios.
Él triunfa en la batalla.

—Martín Lutero

Su única esperanza radica en agarrarse a la victoria obtenida por Cristo sobre Satanás, primero en el desierto y en último lugar en la cruz. Esta última victoria fue anunciada y ha sido constatada en las Escrituras:

> .... Para esto apareció el Hijo de Dios, para deshacer las obras del diablo (1 Jn. 3:8).
>
> Y [Jesús] les dijo: Yo veía a Satanás caer del cielo como un rayo. He aquí os doy potestad ... sobre toda fuerza del enemigo... (Lc. 10:18, 19).
>
> Y despojando a los principados y a las potestades, los exhibió públicamente, triunfando sobre ellos en la cruz (Col. 2:15).

Estos y otros muchos pasajes dan testimonio de la rotunda derrota del Señor sobre Satanás en la cruz. Fue allí donde Jesús, la simiente de la mujer, golpeó e hirió mortalmente la cabeza de Satanás, a pesar de que también Él resultara herido en el calcañar durante la batalla. Pero lo importante es que una herida de la cabeza es mortal, mientras que el calcañar no es un miembro vital. Jesús participó de la naturaleza humana «para destruir por medio de la muerte al que tenía el imperio de la muerte, esto es, al diablo» (He. 2:14).

Desde la muerte en el Calvario, el acusador ya no puede acusar al creyente por culpa del pecado ante el trono de Dios. Desde entonces, el jactancioso poder del usurpador no es más que vacía ostentación. Si estamos bajo su poder es porque o bien no conocemos o bien no usamos la autoridad sobre las potestades de las tinieblas que nuestro victorioso Señor ha delegado en nosotros. Porque Cristo forzó el palacio del hombre fuerte y le arrebató sus presas (Mr. 3:27).

El enemigo vencido

El creyente que mora en Cristo no tiene por qué temer al diablo, sino que siempre debería considerarlo como ya derrotado y vencido. Fijémonos en el tiempo verbal de Lucas 10:19: «... os doy potestad ... sobre toda fuerza del enemigo...». No se trata de una *promesa* por la que haya que pedir a Dios. Se trata de un hecho, de una afirmación que proviene de la boca de Cristo, en la cual debemos creer y actuar en consecuencia. Denota el resultado presente de una acción pasada. Una vez hemos sido libertados de las cadenas de Satanás, ya podemos ejercer la autoridad otorgada por Dios de atar al hombre fuerte y saquear su palacio.

Colosenses 2:15 es un versículo clave para revelar el total alcance de la victoria del Señor sobre Satanás: «Y despojando a los principados y a las potestades, los exhibió públicamente....» Pablo había hecho referencia (en el versículo anterior) a la ley como acusador impersonal del creyente (v. 14). Ahora ya da a conocer a los acusadores personales. Ya hemos visto con anterioridad que Satanás es el acusador por excelencia de los santos, que incita a los hombres a pecar y después los acusa del pecado que él mismo ha provocado. Como dijo un viejo puritano: «El diablo incita al cristiano a pecar, y luego le deja los trapos sucios en la puerta.»

Cuando Pablo escribió esta carta, los cristianos colosenses se encontraban en medio de un oscuro y sutil ataque por parte de las fuerzas de las tinieblas. Pablo los fortaleció y alentó haciéndoles saber que, por más poderosas que fuesen esas fuerzas, Dios las había desarmado y vencido a través del sacrificio de su Hijo, que es la cabeza de la Iglesia y el creador de toda autoridad (1:16; 2:10). Venció a Satanás en el desierto y volvió en el poder del Espíritu (Lc. 4:1-14). Por medio de su muerte en el Calvario ató al «hombre fuerte armado», y le arrebató «todas sus armas en que confiaba», y repartió «el botín» (Lc. 11:21, 22).

Mediante su muerte vicaria y su victoriosa resurrección, Cristo refutó de una vez y para siempre todas las acusaciones que Satanás pueda presentar en contra de los hijos de Dios. Esa verdad fue la que hizo que Pablo estallara en estas victoriosas preguntas: «¿Quién acusará a los escogidos de Dios? … ¿Quién es el que condenará?…» (Ro. 8:33, 34). Esta verdad fue la que inspiró la clamorosa declaración de Juan: «Entonces oí una gran voz en el cielo, que decía: Ahora ha venido la salvación, el poder, y el reino de nuestro Dios, y la autoridad de su Cristo; porque ha sido lanzado fuera el acusador de nuestros hermanos, el que los acusaba delante de nuestro Dios día y noche» (Ap. 12:10).

Oigo al acusador rugir,
Por los males que he cometido;
Los conozco todos, más mil,
Pero Jehová encontrarlos no ha podido.

—Autor desconocido

Pablo continúa presentando la victoria de Cristo sobre Satanás a través de la ilustración de la marcha triunfal de un general del ejército romano que regresa tras una victoriosa campaña. Su recompensa consistía en desfilar por las calles de Roma al frente de su ejército, al final del cual venían los prisioneros; gentes y reyes desarmados a los que se había conquistado. Esta es la imagen que aparece en Colosenses 2:15. Dios exhibió públicamente y expuso a vergüenza pública a los principados y las potestades del mal, y mostró ante todos que la victoria del Calvario los había desarmado y dejado sin poder. Satanás y sus huestes sólo tienen, sobre el creyente, el poder que Dios les permite tener. ¿Acaso no dijo Cristo: «He aquí os doy potestad ... sobre *toda* fuerza del enemigo»? Su poder sobre los humanos se ha venido abajo para siempre. La victoria de Cristo sobre Satanás es nuestra victoria sobre Satanás, y es una victoria total.

El anticristo

El Calvario también trazó el destino del anticristo. El tema que estamos tratando no sería completo sin hacer alguna referencia a la segunda persona de la trinidad satánica. La palabra «anticristo» sólo se encuentra en las cartas de Juan.

Hijitos, ya es el último tiempo; y según vosotros oísteis que el anticristo viene, así ahora han surgido muchos anticristos; por esto conocemos que es el último tiempo. Salieron de nosotros, pero no eran de nosotros... (1 Jn. 2:18, 19).

.... Este es anticristo, el que niega al Padre y al Hijo (1 Jn. 2:22).

Y todo espíritu que confiesa que Jesucristo ha venido en carne, es de Dios; y todo espíritu que no confiesa que Jesucristo ha venido en carne, no es de Dios; y este es el espíritu del anticristo, el cual vosotros habéis oído que viene, y que ahora ya está en el mundo (1 Jn. 4:2, 3).

Porque muchos engañadores han salido por el mundo,

que no confiesan que Jesucristo ha venido en carne. Quien esto hace es el engañador y el anticristo (2 Jn. v. 7).

La palabra «anticristo» significa simplemente que está *en contra de Cristo*, y se puede referir de igual manera a un sistema o a una persona. Al parecer, Juan la emplea con tres sentidos diferentes, en referencia a: (a) un espíritu o una actitud (1 Jn. 4:3); (b) anticristos, en plural (1 Jn. 2:18; 2 Jn. v. 7); (c) una persona (1 Jn. 2:18).

Harold J. Ockenga expresó la opinión de muchos cuando dijo que la palabra *anticristo* define cualquier sistema de pensamiento o actuación anticristiano, que a su vez alcanzará su *punto máximo* en una persona que representará estas enseñanzas y tendencias anticristianas en el final de los tiempos.

Hablando en términos generales, un anticristo es una persona o un movimiento que se opone a Cristo como cabeza de la Iglesia y Señor de la creación. Estos movimientos anticristianos han existido desde el nacimiento mismo de la Iglesia; este anticristo también está detrás de toda filosofía anticristiana.

Agustín, al igual que muchos otros antes y después, identificó al *anticristo* de Juan con *el hombre de pecado* o *el apóstata* de Pablo (2 Ts. 2:3). El que este mesías del diablo es un ser humano queda patente en el hecho de que él, al igual que Cristo, tendrá su *parousia* (2 Ts. 2:9) y su *apocalipsis* (2 Ts. 2:8). Los padres de la iglesia primitiva lo esperaban como una figura oscura y funesta que se alzaría y cuya motivación y actuación serían las de Satanás. «... cuyo advenimiento es por obra de Satanás, con gran poder y señales y prodigios mentirosos» (2 Ts. 2:9). Resultaría difícil hacer coincidir este lenguaje con una fuerza o movimiento impersonal.

A través de las edades se ha intentado poner un nombre a aquél que culminaría la suma de todos los anticristos anteriores: Nerón, Alejandro Magno, Napoleón, Hitler, etc. Todos ellos compartían algunas de las características del anticristo; sin embargo, hay muchos aspectos que todavía se tienen que manifestar.

Las Escrituras predicen que en el final de los tiempos se producirá un tremendo clímax. El gran reto de Satanás y sus huestes se extenderá aún en el futuro, y lo encabezará este «apóstata». El mundo estará inmerso en un holocausto de un horror inimaginable.

Podemos estar seguros de ello. El destino del anticristo está contenido en uno de sus nombres: «... el hijo de perdición, el cual se opone y se levanta contra todo lo que se llama Dios o es objeto de culto; tanto que se sienta en el templo de Dios como Dios, haciéndose pasar por Dios» (2 Ts. 2:3, 4). Es un alma perdida que lucha por una causa perdida, ya que «el Señor [le] matará con el espíritu de su boca, y [le] destruirá con el resplandor de su venida» (2 Ts. 2:8).

La ejecución de la sentencia final se relata de forma gráfica e impresionante: «Y la bestia y ... el falso profeta ... fueron lanzados vivos dentro de un lago de fuego que arde con azufre» (Ap. 19:20).

11

ARMAS INVENCIBLES

Satanás no puede soportar el estar expuesto a la sangre de Cristo. Palidece ante cada visión del Calvario. Las sangrantes heridas son la señal de su retirada. Los corazones salpicados de esa sangre son terreno sagrado en los cuales no se atreve a pisar; se horroriza, tiembla y se acobarda cuando está en presencia de un soldado rociado con esa sangre.

Teme más una palabra clara que dé testimonio del poder de esa sangre que el ataque de una legión de arcángeles. Es como la acusación irrefutable de un dedo que vence todo lo que tiene ante sí. Es la sangre en funcionamiento; y, para dar fe de su obra en acción, el testimonio de esa sangre que dan los mártires en vida a través de sus bocas supone para Satanás una barrera más infranqueable que un muro de fuego.[1]

—Edward M. Bounds

«DESPUÉS HUBO UNA GRAN BATALLA EN EL CIELO: Miguel y sus ángeles luchaban contra el dragón; y luchaban el dragón y sus ángeles; pero no prevalecieron» (Ap. 12:7, 8).

Como vimos cuando estudiábamos la armadura del cristiano, las armas empleadas por éste para la batalla invisible entre Dios y Satanás son espirituales, no físicas. «Pues aunque andamos en la carne, no militamos según la carne; porque las armas de nuestra milicia no son carnales, sino poderosas en Dios para la destrucción de fortalezas» (2 Co. 10:3, 4).

La guerra iniciada en el cielo se hace evidente en la tierra. «... el diablo ha descendido a vosotros con gran ira, sabiendo que tiene poco tiempo» (Ap. 12:12). A medida que se le acaba el tiempo, la ira del diablo va en aumento. ¿No podría ser esa la explicación de la increíble intensidad de la actividad satánica en el mundo de nuestros días? No hay ninguna parte del mundo, por más remota que sea, que quede exenta de las presiones revolucionarias de nuestro tiempo.

Antes de describir detalladamente tres armas espirituales con las que contamos en nuestra batalla espiritual, el cielo anuncia con grande voz:

> ... Ahora ha venido la salvación, el poder, y el reino de nuestro Dios, y la autoridad de su Cristo; porque ha sido lanzado fuera el acusador de nuestros hermanos, el que los acusaba delante de Dios día y noche. Y ellos le han vencido... (Ap. 12:10, 11).

¿Y quiénes son estos que han vencido? ¡Los hombres débiles e imperfectos a los que Satanás acusaba!

Ya hemos considerado algunas de las armas de guerra en el capítulo acerca de la armadura del creyente. Sin embargo, se hacen necesarias una gran variedad de figuras retóricas para explicar adecuadamente la manera de vencer en esta batalla de múltiples flancos. A continuación se nos presentan tres armas espirituales más: «Y ellos le han vencido por medio de la sangre del Cordero y de la palabra del testimonio de ellos, y menospreciaron sus vidas hasta la muerte» (Ap. 12:11).

El arma judicial

La sangre del Cordero: este arma obtiene su poder del Calvario. Nunca podremos enfatizar lo suficiente que el secreto de nuestra victoria sobre Satanás y el pecado no radica en nuestra propia fuerza inherente sino en nuestra unión con Cristo en su victoriosa muerte y resurrección.

La frase «la sangre del Cordero» no es ninguna clase de hechizo, ni un ritual que añadimos a nuestros mensajes u oraciones para dar testimonio de nuestra ortodoxia o para asegurarnos resultados sobrenaturales. No es una fórmula para ser susurrada crédulamente ni una parrafada de palabras místicas. Es la expresión de una fe inteligente, activa y vital en Cristo, el Cordero de Dios, que al derramar su sangre hirió la cabeza de Satanás y lo derrotó por completo.

Se trata de una de las frases más importantes y esplendorosas de las Escrituras. En cuatro palabras, *la sangre del cordero*, se concentran la virtud y el precio de la obra mediadora de Cristo. La sangre es la vida disuelta. La vida del Cordero de Dios, derramada brutalmente por hombres llenos de pecado e instigados por el diablo, fue ofrecida voluntariamente. Se alzó de entre los muertos y ascendió a la diestra de Dios por su propia sangre, la cual se ha convertido en el territorio de nuestra victoria.

Fijémonos en que la preposición *por* que aparece en esta frase significa «a causa de». Como consecuencia de haber quebrantado Jesús el poder del pecado y de Satanás a través del derramamiento de su sangre, aquellos que estamos unidos en Él podemos participar de su victoria. Ahora debemos mirar a Satanás como a alguien ya vencido y proclamar la victoria de Cristo sobre él como propia. Satanás no cuenta con ninguna arma con la que responder a la sangre del Cordero.

Así que, cuando en nuestras oraciones nos referimos a la sangre del Cordero, lo que realmente estamos diciendo es que nuestra fe en la victoria frente a Satanás y el pecado descansa en todo lo que Cristo consiguió para nosotros mediante su muerte vicaria y su victoriosa resurrección. Y esa es nuestra arma de ataque.

El arma probada

La palabra del testimonio de ellos. Al ejercicio de la fe en la muerte de Cristo le debe seguir el testimonio de su viva y poderosa Palabra. No queda del todo claro si esta referencia alude a la Palabra de la cual dieron testimonio o al testimonio en sí mismo. Es probable que haga referencia a ambas cosas, ya que todo testimonio que no esté basado en la Biblia no tiene el poder de conseguir resultado espiritual alguno. Nuestro testimonio basado en la Palabra de Dios se convierte en una espada en las manos del Espíritu.

Lo que hace callar a Satanás no es un argumento, ni ninguna lógica, ni ninguna reprobación, sino el testimonio. La Palabra de Cristo y de sus apóstoles, probada en la práctica, se convierte en nuestro testimonio. El simple hecho de recordar la Palabra no basta para luchar contra Satanás.

El arma del sacrificio

Menospreciaron sus vidas hasta la muerte. Tuvieron en poco sus vidas. De la palabra griega «testimonio» de este versículo deriva nuestra palabra «martirio». La deducción es, pues, clara.

Esta tercera arma, al contrario de las dos primeras, no es para utilizarla en contra del enemigo. Es una espada que empuñamos con las dos manos y que nos clavamos en el pecho. El arma del testimonio de aquél que tiene espíritu de martirio es poderosamente eficaz. Para él, la importancia de la vida sólo es algo secundario si la comparamos con el resultado de la batalla y con la victoria de su Señor. Lo que más ansía es ver a Satanás derrotado y a Cristo victorioso, aunque para ello tenga que sacrificar la vida. Se considera a sí mismo como algo prescindible.

En este sentido, el Señor fue un maravilloso ejemplo para sus seguidores. El sacrificio de su vida no empezó en el Calvario; ni siquiera en Belén. Él ha sido el «Cordero que fue inmolado desde el principio del mundo» (Ap.

13:8). Nuestro testimonio será estéril a no ser que sigamos el camino de la cruz. Y sin embargo, ¿no le falta al cristianismo de nuestros días, en su mayor parte, ese espíritu de martirio, ese espíritu de autosacrificio? ¿Es esta en parte la razón por la cual la Iglesia pasa tan desapercibida en la sociedad?

Ellos le han vencido. Vemos aquí una nota de un optimismo invencible. ¿No había dicho Jesús «sobre esta roca edificaré mi iglesia; y las puertas del Hades no prevalecerán contra ella»? (Mt. 16:18). El Calvario consolidó el juicio y la derrota de Satanás. Por ello, hasta que la sentencia se cumpla, tenemos estas insuperables armas:

> Contamos con la victoria del Calvario
> Damos testimonio de su poder conquistador
> Estamos dispuestos a ofrecer incluso nuestras
> vidas por nuestro Señor.

El poder de Su nombre

Otra arma que está en manos del guerrero cristiano es el nombre de Cristo. No podemos leer la historia de las victorias de la iglesia primitiva sin darnos cuenta de la prominencia dada al nombre de Jesús. También en nuestros días, aunque mucho más en regiones orientales y en tiempos de la Biblia, el nombre representa a toda la persona, con todas sus características, capacidades, poderes y recursos. Cuando se escribe el nombre en un cheque se convierte un trozo de papel sin ningún valor en uno muy valioso. Una simple firma en un documento puede significar la transferencia de una propiedad valorada en millones de dólares. El nombre equivale a la persona.

El Señor nos ha otorgado el privilegio y el derecho de utilizar su nombre. «... en mi nombre echarán fuera demonios...» (Mr. 16:17). «Si algo pidiereis *en mi nombre,* yo lo haré» (Jn. 14:14, cursivas añadidas).

Cuando utilizamos el nombre de Cristo reconocemos

que no estamos actuando en nuestro propio poder o autoridad, sino como representantes personales suyos. El empleo de la frase «en el nombre de Jesús» en las oraciones no se debería considerar como algún tipo de conjuro o como una frase devota con la cual poner fin a nuestras oraciones. Estas palabras tienen poder, pero sólo cuando van acompañadas de una fe viva en aquél a quien pertenecen.

Pablo conocía el poder del nombre de Cristo y, como relata Lucas, también lo utilizó:

> Aconteció que mientras que íbamos a la oración, nos salió al encuentro una muchacha que tenía espíritu de adivinación ... Pablo ... se volvió y dijo al espíritu: Te mando *en el nombre de Jesucristo*, que salgas de ella. Y salió en aquella misma hora (Hch. 16:16-18, cursivas añadidas).

Resulta interesante leer que cuando los hijos de Esceva, que eran judíos exorcistas, se alardearon de utilizar la misma fórmula —«intentaron invocar el nombre del Señor Jesús sobre los que tenían espíritus malos» (Hch. 19:13)—, en vez de echar fuera al demonio, éste saltó sobre ellos y los dominó.

El nombre de Jesús sólo tiene poder en boca de aquellos que participan de su señorío y que conocen en sí mismos la victoria del calvario.

> El nombre de Jesús se alza sobre todos,
> En el infierno, la tierra y el cielo;
> Ángeles y hombres ante él se inclinan,
> Y los demonios huyen y tiemblan.
>
> —Carlos Wesley

12

SED SOBRIOS Y VELAD

Aunque la actividad demoníaca en la historia del ser humano ha sido innegablemente fuerte desde que el pecado de nuestros primeros padres expuso a los humanos a sus perniciosos ataques, el total cumplimiento e incremento de sus destructivos poderes no se producirá hasta la consumación de los tiempos. El demonismo guarda una sorprendente relación con la doctrina de los últimos días; y todos los hombres, judíos, gentiles y pertenecientes a la Iglesia de Dios, se verán esencial y profundamente afectados por el aumento de lo maligno y sobrenatural en los últimos tiempos.[1]

—Merrill F. Unger

«El precio de la libertad es la vigilancia perpetua», dice una máxima muy conocida en la esfera política y que resulta igualmente apropiada para el terreno de lo espiritual. El elemento sorpresa —atacar sin previo aviso— es un factor militar muy importante en las guerras. «Uno de los bandos debe sorprender y el otro debe ser sorprendido», dijo el general Waldemar Erfurth. «Sólo cuando los dos comandantes desempeñan respectivamente estos papeles se podrá llegar a la exterminación de uno de los ejércitos en la batalla.»

Cristiano, no busques aún reposo,
A tu ángel de la guarda debes escuchar:
Rodeado estás de enemigos;
¡Vigila y ora!,
Los principados y las potestades
Reúnen sus invisibles tropas;
A la espera de momentos de descuido;
¡Vigila y ora!

—Charlotte Elliot

En la épica victoria sobre los ejércitos madianitas, el elemento sorpresa tuvo una gran importancia. Contando con el insignificante número de 300 soldados, Gedeón sorprendió y derrotó a 135.000 soldados madianitas. Pearl Harbor podría ser otro ejemplo; sin embargo, en este caso, el engaño fue un factor más, ya que los enviados japoneses estaban sentados alrededor de la mesa negociadora en el mismo momento en que tuvo lugar el ataque.

¿Qué nos hace suponer que nuestro ingenioso adversario dejará de usar esta clara y eficaz táctica? Una mirada rápida a la historia de la Biblia nos muestra cuántas veces, y con cuánto éxito, la ha utilizado Satanás. La única estrategia de defensa posible radica en practicar la vigilancia continua.

Sin embargo, a la hora de enfrentarse a los ataques de Satanás, el creyente debería tener siempre presente que el diablo es un ser creado y, como tal, no es omnipotente ni omnisciente. Su aparente incapacidad para ver los planes divinos le supuso la derrota en la batalla de la cruz. «Mas hablamos sabiduría de Dios en misterio, la sabiduría oculta, la cual Dios predestinó antes de los siglos para nuestra gloria, la que ninguno de los príncipes de este siglo conoció; porque si la hubieran conocido, nunca habrían crucificado al Señor de gloria» (1 Co. 2:7, 8). Ningún comandante causaría conscientemente su propia destrucción.

Pablo no olvidó el «servicio inteligente» en su proceder

durante la batalla espiritual; por ello dijo: «No ignoramos sus maquinaciones.» No luchaba contra un enemigo del que desconocía toda estrategia y táctica. En su libro *Principles of War* [Los principios de la guerra], James L. Wilson señala que la información acerca del enemigo debe incluir el conocer quién es, cuáles son sus intenciones y qué maneras tiene de actuar. El comandante enemigo obtiene toda esta información escuchando todo lo que su adversario dice y leyendo todo lo que escribe.[2]

Uno de los propósitos de este libro es dar a conocer al lector el conjunto de enseñanzas bíblicas que tratan del tema, para que deje de ser un ignorante espiritual al respecto y para que sea capaz de luchar contra el adversario de manera inteligente.

Nuestra responsabilidad es velar

En el Nuevo Testamento se encarece al cristiano en veinte ocasiones que esté vigilante. La mayoría de las veces es Jesús quien nos insta a hacerlo. El no hacer caso de este mandamiento supuso la trágica derrota de los once en el Getsemaní. ¿No es un hecho significativo el que Jesús les aconsejara velar que orar? Si descuidamos nuestra vigilancia y se nos sorprende con la guardia baja, nos sucederá lo inevitable.

Jesús les dijo en otra ocasión: «Y lo que a vosotros digo, a todos lo digo: Velad» (Mr. 13:37). Aunque estas palabras se referían en primer lugar a que velasen hasta que Él volviera, no por ello deja esta advertencia de ser aplicable a nuestro adversario espiritual, el diablo.

Será de gran utilidad repasar las áreas en las cuales la falta de vigilancia puede suponer una ventaja para que nuestro enemigo logre sus pretensiones.

El ignorar su existencia o ignorar sus artimañas y su gran poder le concede una enorme ventaja. Si no estamos muy seguros de si existe o no realmente un enemigo como él, o si no lo tomamos en consideración seriamente, le estamos brindando un comienzo perfecto. ¿Cuántos días pasan, por ejemplo, sin que pensemos ni una sola vez en nuestro temible enemigo? ¿Podríamos imaginar una situación parecida en una guerra aquí en la tierra? Recuperemos, pues, el terreno perdido. Recordemos cuidadosamente el pasado para descubrir las estrategias de ataque que Satanás ha utilizado con éxito en nuestra propia vida y pongamos allí vigilancia.

La ira incontrolada supone un precio muy alto a la hora de perder territorio. «Airaos, pero no pequéis; no se ponga el sol sobre vuestro enojo, ni deis lugar al diablo» (Ef. 4:26, 27). Si dejamos que la ira, incluso la justificable o no egoísta, fermente durante demasiado tiempo, le estamos dando al diablo una oportunidad de derrotarnos. ¡Cuánto más será eso cierto cuando nuestra ira es egoísta y, como tal, pecaminosa! ¿Estamos velando en esta área?

El tener un espíritu resentido o no dispuesto a perdonar le entrega aún más territorio al enemigo.

> Y al que vosotros perdonáis, yo también; ... si algo he perdonado, por vosotros lo he hecho en presencia de Cristo, para que Satanás no gane ventaja alguna sobre nosotros; pues no ignoramos sus maquinaciones (2 Co. 2:10, 11, cursivas añadidas).

El no estar dispuesto a perdonar le concede a Satanás una oportunidad más de vencernos. No debemos cederle ni un solo centímetro. ¿Tenemos la precaución de observar las actitudes de nuestro corazón?

El tomarse en broma a Satanás puede parecer algo inteligente, pero realmente es una locura. Tanto Pedro como Judas advierten seriamente al respecto, a lo cual deberíamos prestar mucha atención. Pedro habla acerca de quienes

> desprecian el señorío. Atrevidos y contumaces, no temen decir mal de las potestades superiores, mientras que los ángeles, que son mayores en fuerza y en

> potencia, no pronuncian juicio de maldición contra ellas delante del Señor (2 P. 2:10, 11).

Y Judas añade:

> Pero cuando el arcángel Miguel contendía con el diablo, disputando con él por el cuerpo de Moisés, no se atrevió a proferir juicio de maldición contra él, sino que dijo: El Señor te reprenda (Jud. v. 9).

Sea lo que fuere que estos misteriosos pasajes quieran decir, lo que es seguro es que contienen una advertencia hacia la presunción de algunos cristianos superficiales que se toman a la ligera a nuestro ancestral enemigo. Los ángeles, más inteligentes y poderosos, evitan hacer semejante locura. El mandamiento «*Sed sobrios y velad;* porque vuestro adversario el diablo, como león rugiente, anda alrededor buscando a quién devorar», nos advierte suficientemente de que nuestra lucha contra el diablo es algo serio (1 P. 5:8, cursivas añadidas).

Pablo equipara *el casarse con los incrédulos* con el que se asocie a Cristo con Belial (o Satanás); es decir, una asociación impensable. «¿Qué concordia [tiene] Cristo con Belial? ¿O qué parte el creyente con el incrédulo?» El creyente no debe tolerar el unirse a los incrédulos en los comportamientos que caracterizan a éstos (2 Co. 6:15); hacerlo es abrirle la puerta al diablo. Aunque aquí se esta haciendo referencia en primer lugar al matrimonio, el alcance del pasaje es mucho mayor, e incluye cualquier unión que sea voluntaria y que nos ate.

Los líderes de la iglesia también deben tener gran cuidado *al nombrar a quienes habrán de ocupar algún cargo,* para no ceder terreno frente al diablo, terreno del que Satanás se aprovechará rápidamente. Pablo incide sobre dos áreas en las cuales se debe adoptar una especial cautela.

«Un obispo [o un supervisor, como también da a entender la palabra] debe ser irreprensible ... *no un neófito,* no sea que se envanezca y caiga en la condenación del diablo» (1 Ti. 3:6; paráfrasis del autor).

En este sentido, la prudencia se hace especialmente necesaria en nuestros días. Existe la tendencia, muy extendida, nacida del loable deseo de atraer y mantener su interés, de precipitar a los jóvenes a realizar actividades o a asumir responsabilidades para las que todavía no tienen ni la experiencia ni la madurez espiritual. Como resultado, se puede dañar su propia experiencia espiritual, lo que sería desastroso para la obra de Dios. Sin ninguna duda, debemos darles a nuestros jóvenes toda la responsabilidad que están capacitados para sobrellevar. Sin embargo, es el Espíritu de Dios quien determina cuando alguien debe pasar por algún tipo de aprendizaje espiritual.

Es probable que «la condenación del diablo» se refiera al castigo en el cual incurrió Satanás como consecuencia de su ambición y orgullo pecaminosos. Este consejo ha demostrado tantas veces ser sabio que no hace falta hacer en él mayor hincapié. Existe un verdadero peligro en presionar a los recién convertidos a ocupar lugares de importancia demasiado pronto.

Además, «también es necesario que tenga buen testimonio de los de afuera, para que no caiga en descrédito y en lazo del diablo» (1 Ti. 3:7). Si un posible ministro de la iglesia tiene una reputación cuestionable en el mundo, tanto él como la iglesia se convertirán en un blanco fácil para el enemigo.

Curiosidad pecaminosa

En nuestros días, en los que la curiosidad morbosa hacia cualquier aspecto del ocultismo ha alcanzado unas dimensiones increíbles, tenemos la obligación de llamar la atención sobre los peligros que acarrea el jugar con lo oculto. El creciente número de libros sobre el tema podría fácilmente atraer a las personas desprevenidas y poco informadas hacia situaciones que podrían tener consecuencias dañinas. Las advertencias de las Escrituras sobre esa curiosidad impura son numerosas, y las deberíamos tomar seriamente:

> No sea hallado en ti quien haga pasar a su hijo o a su hija por el fuego, ni quien practique adivinación, ni agorero, ni sortílego, ni hechicero, ni encantador, ni adivino, ni mago, ni quien consulte a los muertos. Porque es abominación para con Jehová cualquiera que hace estas cosas, y por estas abominaciones Jehová tu Dios echa estas naciones de delante de ti (Dt. 18:10-12).

Fijémonos en lo exhaustivo y fácilmente comprensible que resulta ese mandamiento, y en lo categórico de su prohibición. Las prácticas mencionadas tienen su equivalente moderno en el satanismo de nuestros tiempos. A. T. Pierson se pregunta:

> ¿Quién nos mostrará una sola ventaja substancial que pueda obtener la raza humana en sus intentos de invadir este mundo prohibido, aunque sea de manera científica, que ya empieza a desequilibrar los tristes restos corporales y espirituales que se encuentran a lo largo de la orilla de este Mare Tenebrum?

A lo que añade el siguiente aviso:

> El entrometerse en este espantoso mundo de los espíritus puede atraernos hacia el influjo de poderes y fuerzas sobrenaturales malignas. Aparte de Dios, también los espíritus del mal empuñan armas que para nosotros son sobrehumanas y sobrenaturales, ya que ambas escapan a nuestro conocimiento y control. En Apocalipsis 16:14 se nos presenta a los *espíritus de demonios* como quienes «hacen señales». El diablo, que forma parte de la más prominente clase de seres inteligentes creados, puede dominar a los hombres

> utilizando poderes que pertenecen a un mundo superior; atreverse a atravesar esos límites es aventurarse en un terreno desconocido y correr los riesgos correspondientes, riesgos que están en proporción con el éxito de las experiencias.[3]

¡Sed sobrios!, ¡velad!

> Vigila, como si sólo de ello
> Dependieran las preocupaciones del día;
> Ruega para que venga la ayuda de arriba,
> Vigila y ora.
>
> —Charlotte Elliot

13

RESISTID

Someteos, pues, a Dios; resistid al diablo, y huirá de vosotros (Stg. 4:7).

He aquí un orden que debemos observar. El sometimiento tiene que ver con Dios; el resistir con el diablo. Lo uno viene antes que lo otro. El cristiano que resiste al diablo debe hacerlo en el Espíritu. Lo que quiero decir es que no podemos intentar enfrentarnos a Satanás en la carne y esperar que huya. Sería algo ridículo, ya que Satanás controla la carne. Es cierto que lo hace a través de la insinuación; pero el caso es que lo hace. Satanás no huirá de nuestra carne; no nos tiene ningún miedo. El intentar mantenernos firmes frente a él alejados de Cristo no haría más que resaltar su sentido del humor. ¡Es como si una hormiga trepase a la vía del tren para decirle a un tren, que pasa a toda velocidad, que se pare!

Cuando nos sometemos a alguien nos ponemos bajo su control. Lo que quiere decir que debemos enfrentarnos a Satanás bajo la influencia del Espíritu de Dios.[1]

—C. S. Lovett

SI TOMAMOS DOS PASAJES DE LAS ESCRITURAS podremos ver claramente que la idea del creyente que adopta una actitud de resistencia en contra de Satanás es algo perfectamente bíblico:

> Someteos pues a Dios; resistid al diablo, y huirá de vosotros (Stg. 4:7).
>
> Humillaos, pues, bajo la poderosa mano de Dios.... Sed sobrios, y velad; porque vuestro adversario el diablo, como león rugiente, anda alrededor buscando a quién devorar; *al cual resistid* firmes en la fe... (1 P. 5:6, 8, 9, cursivas añadidas).

No obstante, en ambos casos se relaciona el mandamiento de resistir con las siguientes condiciones y advertencias: a) la resistencia debe estar precedida de una actitud de sumisión a Dios. Aquellos que actúen independientemente de Dios nunca lograrán la derrota sobre Satanás; b) sólo los humildes, y no los arrogantes y seguros de sí mismos, pueden vencer al enemigo; y c) sólo los que están firmes en la fe son vencedores. Se trata de la manera de actuar de alguien cuyos pies están firmemente apoyados en las grandes verdades de la fe, y no de la de un cristiano inestable y vacilante.

Estas advertencias nos hacen reconocer que aquel a quien resistimos es un enemigo muy poderoso y con una enorme experiencia, y sólo Dios tiene el poder suficiente para luchar en su contra. No seremos capaces de resistir al diablo de la manera anteriormente expresada a menos que estemos profundamente convencidos de que es un enemigo que ya ha sido derrotado. ¿Tenemos esta inamovible seguridad? Se trata de la *resistencia de la fe* que Santiago y Pedro promulgan; y allí donde hay fe no existe la duda. El Calvario es la base de esa resistencia.

Fijémonos en la rotundidad de las certezas bíblicas: «Así que, por cuanto los hijos participaron de carne y sangre, él también participó de lo mismo, para destruir por medio de la muerte al que tenía el imperio de la muerte, esto es, al diablo» (He. 2:14). «.... Para esto apareció el Hijo de Dios, para deshacer las obras del diablo» (1 Jn. 3:8). «Y despojando a los principados y a las potestades, los exhibió públicamente, triunfando sobre ellos en la cruz» (Col. 2:15).

Teniendo estas afirmaciones divinas como base, y dependiendo del poderoso Espíritu de Dios, estamos en posición de presentar batalla a nuestro enemigo ancestral. Sólo resistiremos al diablo cuando seamos conscientes de que tenemos a nuestra disposición el poder apropiado para resistirle con éxito. Las Escrituras nunca nos aconsejan que ignoremos al diablo, «porque mayor es el que está en vosotros, que el que está en el mundo» (1 Jn. 4:4).

Los creyentes deberían manifestar una actitud de firme resistencia hacia el enemigo que tiene cautivos a los hombres, y una de fe continua en la capacidad de la victoria de Cristo en el Calvario de liberar a aquellos que están prisioneros.

En una ocasión, una mujer le dijo a su pastor que no creía en la verdad de Santiago 4:7. «Cuando resisto al diablo se abalanza sobre mí» —dijo. El pastor descubrió la causa de su problema al preguntarle si su vida estaba completamente entregada a Dios. Ella tuvo que admitir que no era así. Sólo cuando nuestra vida está sometida a Dios actuará el poder divino y huirá el diablo.

Donald G. Barnhouse nos cuenta una experiencia que tuvo cuando aún hacía poco tiempo que era creyente. Durante un período de dificultades clamó a Dios diciendo que Él había dicho a su pueblo que si resistían al diablo, éste huiría de ellos; sin embargo, parecía como si el enemigo se le echara encima cuando le resistía. Abrió la Biblia y señaló con el dedo Santiago 4:7; pero el auxilio no vino. Por fin la voz de Dios dijo: «Lee el versículo entero.» Entonces se dio cuenta de que había estado citando sólo una parte del versículo. Cuando leyó la verdad en su totalidad, la perspectiva cambió sustancialmente.[2] Antes de que se nos diga que resistamos al diablo existe un requisito previo que aparece en la línea anterior: «Someteos, pues, a Dios.» Si no logramos someternos, no lograremos ver huir al diablo.

La respuesta fácil a la afirmación de que Satanás es un enemigo que fue derrotado en el Calvario podría ser la siguiente: «Si eso es así, ¿por qué se muestra tan activo hoy en día en el mundo? Parece estar muy atareado en el mundo en el que vivo.» Colosenses 2:15 asegura categóricamente: «Y despojando a los principados y a las potestades, los exhibió públicamente, triunfando sobre ellos en la cruz.»

En las palabras inmediatamente anteriores queda claro el contexto de esta victoria: «clavándola en la cruz [el acta ... contra nosotros]». La cruz de Cristo supuso la absoluta derrota y el juicio del diablo y de todos los que se han aliado con él.

¿No sucede en algunos países que se juzga a un criminal y se dicta y se hace pública su sentencia antes de que de que ésta tenga lugar? Algunas personas viven en pabellones de sentenciados a muerte durante años después de haber sido condenados. Lo mismo sucede en este caso. Por alguna razón que Dios considera sabia y justa, aunque para nosotros represente un misterio, el castigo sobre Satanás aún no se ha ejecutado. A él y a sus siervos se les reserva para un juicio final todavía futuro (1 Co. 6:3). Se le ha concedido una libertad limitada, a pesar de que su derrota final ya se ha producido.

Cuando la primera bomba nuclear cayó sobre Hiroshima en la Segunda Guerra Mundial, los japoneses fueron totalmente derrotados, y los Aliados obtuvieron la victoria definitiva. No obstante, la lucha continuó por un tiempo. Meses después, todavía se estaba abatiendo pequeños focos de resistencia en muchos lugares del mundo. Sin embargo, ello no significaba que el resultado de la guerra no se hubiese decidido en Hiroshima.

L. S. Chafer ha apuntado la siguiente explicación parcial del hecho de que Satanás siga gozando de libertad:

> Al parecer, el curso de la sabiduría divina consiste en someter a una prueba final y definitiva cada una de las presunciones de sus adversarios; cuando esta era haya pasado, con todos sus adelantos, toda boca callará, y el

> mundo entero y Satanás verán su propio fracaso y pecado delante de Dios. Allí estarán, condenados en sí mismos; y ello no se podría lograr sin esta prueba, sin someter literalmente a prueba todas las presunciones de autosuficiencia de Satanás y los hombres. ... Aunque Dios haya retrasado, según sus planes, el día del castigo, no por ello deja éste de ser seguro; se aproxima rápidamente el día en que la espantosa destrucción de los seres que se han entronizado a sí mismos tendrá lugar.... Da la impresión de que Satanás acaricia la posibilidad de cumplir sus propósitos prácticamente hasta el final de su carrera (Ap. 12:7-12).[3]

Puede que la pista más clara del hecho de que Satanás no haya sido aún atado y arrojado al lago de fuego y azufre se encuentre en Mateo 13:24-31. El Maestro, en su parábola sobre el trigo y la cizaña, dijo lo siguiente:

> Dejad crecer juntamente lo uno y lo otro hasta la siega; y al tiempo de la siega yo diré a los segadores: Recoged primero la cizaña, y atadla en manojos para quemarla; pero recoged el trigo en mi granero (13:30).

Puede no seamos capaces de entender la estrategia de Dios; sin embargo, la fe sí puede afirmar: «En cuanto a Dios, perfecto es su camino...» (2 S. 22:31).

El tiempo de la siega se acerca rápidamente, cuando la sentencia será ejecutada. Ya hemos considerado en capítulos anteriores el destino de la bestia y del falso profeta, quienes fueron echados vivos en el lago de fuego y azufre (Ap. 19:20).

En Apocalipsis 20:2, 3, Juan vio cómo prendían y ataban durante 1.000 años y arrojaban al abismo «al dragón, la serpiente antigua, que es el diablo y Satanás», para que sus execrables obras fuesen acortadas.

H. B. Swete ha sugerido como explicación de la libertad temporal de Satanás el hecho de que durante un período de paz y justicia, durante una época sin oposición alguna, la gente podría llegar a tomar su propia fe a la ligera y como algo establecido. La libertad de Satanás representaría un tiempo de prueba para los creyentes en el que se demostraría la realidad de su fe.

La ejecución de la sentencia aplazada de Dios sobre Satanás se relata con muy pocas palabras. Cuando el diablo encabeza su último ataque en contra del pueblo de Dios, sus huestes serán diezmadas. «... descendió fuego del cielo, y los consumió» (Ap. 20:9).

¿Y qué le sucede a su líder? «Y el diablo que los engañaba fue lanzado en el lago de fuego y azufre, donde estaban la bestia y el falso profeta; y serán atormentados día y noche por los siglos de los siglos» (Ap. 20:10).

> Él reinará sobre toda la tierra,
> El que llevó la corona de espinas,
> Aquél a quien tanto menospreciaron,
> A quien recibieron con burla y escarnio.
> Haced saber a todos la gran noticia,
> Para que puedan caer humildes a sus pies.
> —S. G. Stock

NOTAS

Capítulo 1 – ¿Mito o realidad?

1. F. J. Huegel, *That Old Serpent the Devil* (Londres: Marshall, Morgan, and Scott, s. f.), p. 14.
2. Edgard Brightman, citado en *ibid.*, p. 39.
3. J. I. Packer, procedencia desconocida.
4. Alan Richardson, *Dictionary of Theology* (Londres: SCM, 1969), p. 304.
5. Owen C. Whitehouse, en James Hastings, ed., *A Dictionary of the Bible* (Edimburgo: T. & T. Clarke, 1911), véanse «demon», «devil».
6. A. T. Pierson, *The Bible and Spiritual Life* (Nueva York: Gospel Publ., 1908), p. 162.
7. Maldwyn Hughes, procedencia desconocida.
8. Denis de Rougemont, *La Part du Diable*, según se cita en D. G. Barnhouse, *The Invisible War* (Grand Rapids: Zondervan, 1965), p. 156.

Capítulo 2 – Origen y caída

1. F. C. Jennings, *Satan: His Person, Work, Place, and Destiny* (Nueva York: Gaebelein, s. f.), p. 58.

Capítulo 3 – Nombres y naturaleza

1. F. C. Jennings, *Satan: His Person, Work, Place, and Destiny* (Nueva York: Gaebelein, s. f.), p. 66.
2. Guillermo Hendriksen, *Comentario del Nuevo Testamento: Efesios* (Grand Rapids: Subcomisión Literatura Cristiana, 1984), p. 124.

Capítulo 4 – Edén y el desierto

1. L. S. Chafer, *Satan* (Grand Rapids: Kregel Publications, 1994), p. 22–23.
2. W. H. Griffith Thomas, *Genesis* (Chicago: Moody, s. f.), p.46.
3. *El peregrino: En un castellano actualizado* (Grand Rapids: Editorial Portavoz, 1994).

Capítulo 5 – Jerarquías enemigas

1. A. T. Pierson, *The Bible and Spiritual Life* (Nueva York: Gospel Publ., 1908), p. 170.
2. *Biblia anotada de Scofield* (Milwaukee, WI: Publicaciones Españolas), p. 1298.

Capítulo 6 – Los demonios y las posesión demoníaca

1. A. T. Pierson, *The Bible and Spiritual Life* (Nueva York: Gospel Publ., 1908), p. 172.
2. L. L. Morris, fuente desconocida.
3. J. D. Douglas, ed., *Nuevo diccionario bíblico* (Buenos Aires: Ediciones Certeza, 1991), p. 1108.

Capítulo 7 - Artimañas y ardides

1. Donald G. Barnhouse, *The Invisible War* (Grand Rapids: Zondervan, 1965), p. 156.

2. C. S. Lewis, *Screwtape Letters* (Londres: G. Bles, 1942), p. 9. Hay traducción al castellano titulada *Cartas a un diablo novato*.
3. Mildred Cable, *Ambassadors for Christ* (Londres: Hodder & Stoughton, 1935), p. 74.
4. Barnhouse, *op. cit.*, p. 170.

Capítulo 8 - La armadura divina

1. F. C. Jennings, *Satan: His Person, Work, Place, and Destiny* (Nueva York: Gaebelein, s. f.), p. 152.

Capítulo 9 - Autoridad delegada

1. F. J. Huegel, *The Enthroned Life* (Londres: Overcomer Trust, s.f.), pp. 35-36.
2. Citado por la señora F. Howard Taylor, *Behind the Ranges* (Londres: Lutterworth, 1944), p. 91.
3. Tertuliano, *Apología*.
4. Citado por Taylor en *op. cit.*, p. 114.

Capítulo 10 - Derrota y destino

1. Donald G. Barnhouse, *The Invisible War* (Grand Rapids: Zondervan, 1965), p. 226.
2. F. C. Jennings, *Satan: His Person, Work, Place, and Destiny* (Nueva York: Gaebelein, s. f.), p. 77.
3. Harold J. Ockenga, *The Epistle to the Thessalonians*, Proclaiming the New Testament No. 10 (Grand Rapids: Baker, 1962), p. 114.

Capítulo 11 - Armas invencibles

1. E. M. Bounds, *Satan, His Personality, Power, and Overthrow* (Grand Rapids: Baker, 1963), p. 143.

Capítulo 12 - Sed sobrios y velad

1. M. F. Unger, *Biblical Demonology* (Grand Rapids: Kregel Publications, 1994), p. 201.
2. James L. Wilson, *Principles of War* (Annapolis: Christian Books, 1964), p. 29.
3. A. T. Pierson, *The Bible and Spiritual Life* (Nueva York: Gospel Publ., 1908), p. 189.

Capítulo 13 - Resistid

1. C. S. Lovett, *Dealing with the Devil* (Personal Christianity, 1967), p. 82-83).
2. D. G. Barnhouse, *The Invisible War* (Grand Rapids: Zondervan, 1965), p. 184.
3. L. S. Chafer, *Satan* (Grand Rapids: Kregel Publications, 1994), p. 20.
4. H. B. Swete, procedencia desconocida.